演説で学ぶ英語

米山明日香

祥伝社新書

はじめに

　グローバル化の昨今、「コミュニケーション力」、「演説力」、「プレゼンテーション能力」が注目を集めています。各種教育機関も、そうした能力の育成に力を注いでいます。

　しかし、残念ながら、文化的な理由や背景から、最近まで、こうした力を養うことのなかった私たち日本人は、困難な時代に直面しているのです。

　それだけでなく、「英語」という外国語が、ビジネスパーソンにとって必須のビジネスツールとなっていることは言うまでもありません。言い換えれば、従来、外国語であった「英語」が、「私たちの言葉」に変わりつつあるのです。

　職業柄、日本のグローバルリーダーやビジネスパーソンの方とお話しする機会があるのですが、そうした方々が、近年、口にすることは2点に集約することができます。

　まず、「2000年以降、英語でプレゼンテーションをしなくてはならない機会がますます増えている」といった現状の変化に関する意見です。次に「自社について、あるいは自社製品について、英語で話さなくてはいけない機会が多くあるのだけれど、どうすればいいかな」といった相談です。

　しかし、そうした「英語力」と「プレゼンテーション

能力」は一朝一夕ではなかなか身につけることができません。それを克服するための最も王道の学習方法は、本書で紹介する英語の「名演説」を活用することなのです。つまり、「名演説」の内容を理解し、構成やテクニックを学び、それらを自分のものにして、応用するのです。

そうした名演説の中でも、本書では、名演説家と名高いリンカーン、ケネディ、オバマ、キング、ジョブズなど、時代を超えて人々の心をゆさぶる名演説だけを厳選しました。

幸い、リンカーンを除く演説は、インターネット上で実際に見ることができるので、音声と映像を利用して深く学習することが可能です。ですから、ぜひ動画サイトにある実際の映像と音声にアクセスして、本書と共に活用してください。語学は、「学んで、ものにして、それを使う」ことこそが、向上の道程なのです。なぜなら、グローバルなビジネスで使う英語は、普段のこなれた日常的な英語ではないからです。

加えて、今後のグローバルリーダーに必要なのは、高い「**演説力**」です。英語による「**演説力**」が、私たち日本人にも求められる日は、そう遠くはないでしょう。実際に、日本人で世界的に活躍するビジネスリーダーたち、例えば、ソニーの平井一夫代表執行役社長兼CEOや楽天の三木谷浩史代表取締役会長兼社長などは、バックグラウンドの違いこそあれ、英語を自由に操ってい

はじめに

ます。

　もちろん、英語を使う機会がなくても、格調高い英語を学ぶことは、人生の豊かさにつながります。加えて、名演説に出てくる言葉の数々は、心の栄養になるだけでなく、英語の文化や英語圏の人々の考えを学ぶことにもつながるのです。

　本書が読者の皆さまのお役にたてることを心から願うとともに、グローバルに活躍する皆さまのお手伝いができれば幸いです。そして、今後、一人でも多くのグローバルリーダーが世に輩出されることを心から期待するばかりです。

　本書は、2013年4月から2014年3月まで「朝日ウイークリー」で連載していた『英語の名演説を音読しよう』をもとに大幅な加筆修正を行なったものです。「朝日ウイークリー」編集部の和田明郎氏には、大変お世話になりました。この場をお借りして御礼申し上げます。

　最後に、本書を出版するにあたり、祥伝社新書編集部の方には、最終的に一冊の本に仕上げてくださったことに対して、心からの御礼を申し上げます。

2014年9月末日
米山明日香

....『名演説で学ぶ英語』目次

はじめに 3

第1章 「名演説」は最高の教科書

1.1. なぜ「名演説」か 12
1.2. 日本で「演説」はいつから始まったか 13
1.3. なぜ「名演説」は日本では生まれにくいのか 15
1.4. 名演説はなぜ名演説たり得るのか 20
1.5. 名演説から何を学べるのか 22

第Ⅰ部 アメリカの大統領による名演説

第2章 エイブラハム・リンカーン——ゲティスバーグ演説

2.1. リンカーンの生涯と演説の背景 30
2.2. 演説から学ぶ 33

Part 1 33
名演説の中の名台詞(1)
　all men are created equal 35

✓ **英語力向上の極意**
　極意(1) よい演説(スピーチ)のための条件とは 36
　極意(2) thatの発音は品詞によって異なる 38
☞ **極意を使う(1)** thatを読み分ける 39

Part 2 40
名演説の中の名台詞(2)
　government of the people, by the people, for the people 43
　極意(3) 繰り返しを声で表現する 44
　極意(4) 言い換えの技巧を使う 45

☞**極意を使う(2)** 簡単な言葉で言い換える　47
2.3. 名演説の裏話「リンカーンの声と話し方」　48

第3章 ジョン・F・ケネディ──大統領就任演説

3.1. ケネディの生涯と演説の背景　52
3.2. 演説から学ぶ　55

Part 1　55

名演説の中の名台詞(3)
　　We dare not forget today…　59

✓ 英語力向上の極意

極意(1) ドラマチックな英語にするテクニック　60
極意(2) ボディ・ランゲージは多くを語る　62
☞**極意を使う(3)** ボディ・ランゲージを学ぶ　64

Part 2　64

極意(3) 聴衆の心をつかむ話し方とは　68
極意(4) 強調すべき単語の選び方　69
☞**極意を使う(4)** 強調する箇所で意味が異なる　69
極意(5) 演説は短く　72

名演説の中の名台詞(4)
　　ask not what your country can do for you…　73

3.3. 名演説の裏話「ケネディが国民に支持された理由」　75

第4章 バラク・オバマ──大統領就任演説

4.1. オバマの生い立ちと演説の背景　80
4.2. 演説から学ぶ　82

Part 1　82

名演説の中の名台詞(5)
　　the God-given promise that all are equal…　87

✓ 英語力向上の極意
極意(1) 声の出し方を学ぶ　88
極意(2) Iではなくweを使用する　89
☞ **極意を使う(5)** weを使って一体感を演出する　92

Part 2　93

名演説の中の名台詞(6)
What is required of us now is a new era of responsibility…　97

極意(3) 区切りを入れながら読む　99
極意(4) 区切りで強調する　100
☞ **極意を使う(6)** 区切りによって異なる意味　101

4.3. 名演説の裏話「新しい時代の到来のカギは多様性」　102

第Ⅱ部　世界を変えたリーダーによる演説

第5章　マーガレット・サッチャー──保守党大会での演説

5.1. サッチャーの生涯と演説の背景　111
5.2. 演説から学ぶ　114

Part 1　114

名演説の中の名台詞(7)
Human dignity and self respect are undermined…　117

✓ 英語力向上の極意
極意(1) 修辞疑問文を用いる　119
☞ **極意を使う(7)** 疑問文か? 反語・念押しか?　120
極意(2) theを正確に発音する　122
極意(3) thatの発音は品詞によって使い分ける　123

Part 2　123

名演説の中の名台詞(8)
…The lady's not for turning.　126

極意(4) 適切なイントネーションを使う　127
極意(5) 感情に訴えかけるテクニック　128
☞ **極意を使う(8)** 副詞を効果的に使用する　129
極意(6) 堂々と話し、動じない　131
5.3. 名演説の裏話「名台詞が生まれた背景」　132

第6章 ネルソン・マンデラ——大統領就任演説

6.1. マンデラの生涯と演説の背景　136
6.2. 演説から学ぶ　139

Part 1　139

名演説の中の名台詞(9)

　　We are moved by a sense of joy …　143

✓ **英語力向上の極意**

極意(1) 演説に「色」を添える　145
☞ **極意を使う(9)** 身近な例を入れる　146
極意(2) 音の連結　148

Part 2　149

名演説の中の名台詞(10)

　　Let there be work, bread, water and salt for all.　152

極意(3) 同じ語を文頭で繰り返す　154
☞ **極意を使う(10)** weを繰り返して鼓舞する　155
極意(4) /l/と/r/を正しく発音する　156

6.3. 名演説の裏話:「アパルトヘイトとは何か」　157

第7章 アウンサンスーチー——ノーベル賞受賞演説

7.1. アウンサンスーチーの生い立ちと演説の背景　163
7.2. 演説から学ぶ　168

Part 1　168

名演説の中の名台詞(11)
　　Everywhere there are negative forces…　171
極意(1) キーワードを主語にする　173
極意(2) 語の並列を示すイントネーション　175
☞ **極意を使う(11)** 並列のイントネーションをマスターする　176
極意(3) 難解な語を使用する際の注意点　177
　　Part 2　179
名演説の中の名台詞(12)
　　To be kind is to respond with sensitivity…　182
極意(4) andを使いこなす　184
極意(5) 挿入を音声で示す　185
☞ **極意を使う(12)** 挿入句のイントネーション　186
7.3. 名演説の裏話「アウンサンスーチーの自宅軟禁」　187

第Ⅲ部 心揺さぶる世界の名演説

第8章 マーティン・ルーサー・キング ── ワシントン大行進演説

8.1. キング牧師の生涯と演説の背景　193
8.2. 演説から学ぶ　198
　　Part 1　198
名演説の中の名台詞(13)
　　I have a dream.　203
✓ **英語力向上の極意**
極意(1) 聖書の言葉を引用する　204
☞ **極意を使う(13)** 使える聖書の言葉　208
極意(2) 簡単な文構造で話す　211
極意(3) 繰り返しの技巧で盛り上げる　213
　　Part 2　214

名演説の中の名台詞(14)
　　Free at last! Free at last!　218
極意(4) 情景を思い浮かべるように　221
極意(5) 演説にストーリー性がある　223
8.3. 名演説の裏話「キングのもう1つの名演説」　223

第9章 **スティーブ・ジョブズ**──スタンフォード大学での演説

9.1. ジョブズの生涯と演説の背景　229
9.2. 演説から学ぶ　235
　Part 1　235
　名演説の中の名台詞(15)
　　You've got to find what you love.　238
　✓ 英語力向上の極意
　極意(1) 副詞・形容詞・句動詞を巧みに使う　242
☞ **極意を使う(14)** 句動詞を使う　243
　極意(2) 否定文を使ってインパクトを与える　244
　Part 2　246
　名演説の中の名台詞(16)
　　Stay Hungry. Stay Foolish.　250
　極意(3) 分詞構文を使って、流れを作る　251
☞ **極意を使う(15)** 分詞構文を使った慣用的な表現　253
　極意(4) 自分に置き換えてフォローする　254
9.3. 名演説の裏話「禅の影響」　255

おわりに　261

参考文献および引用文献　263

第1章
「名演説」は最高の教科書

1.1. なぜ「名演説」か

 現在、いろいろな英語学習法が巷(ちまた)にあふれています。それぞれに、それなりの効果があるのだと思います（そう信じたいところです）。しかしながら、それらの多くは「日常的な会話レベル」にとどまっています。もちろんそうした日常的な英会話ができることも大切なのですが、ビジネスや交渉のようなフォーマルな場では、より格調高い英語が望まれることは言うまでもありません。

 このことは、私たちの母（国）語である「日本語」に置き換えると理解しやすいでしょう。日本語は世界にある言語の中でも、豊かな側面を持つ言語で、例えば、形式による大まかな分類をすると、「話し言葉（口語言語）」もあれば、「書き言葉（書記言語）」もあります。ま

た、外的要因である「年齢」によっても、「性別」によっても、話し手との「関係性」などの内的要因によっても、「言葉遣い」が異なってきます。

このように、日本人は、用途や目的、場面などを考慮して、さまざまな状況にあった形式の言葉を使い分けてきました。ですから、「日常英会話」に相当する言語形式は、日本語に置き換えると、「話し言葉」の中でも、カジュアルな場面で使われるものにすぎないのです。

このような用途の学習法や教材があふれる時代だからこそ、古典的なのですが、「**英語の名演説から学ぶ**」という英語学習法に目を向けることが望まれます。

前述の説明に当てはめると、「話し言葉」の中でもフォーマル度が高く、かつ「書き言葉」にも応用できる種々の手法が含まれているからこそ、名演説から学ぶ英語というのは、格調高いものになるのです。

1.2. 日本で「演説」はいつから始まったか

そもそも「演説」という言葉は、慶應義塾の創設者である福澤諭吉とその関係者が作った造語です。ですから、日本人にとっては、比較的新しい言葉であり、概念なのです。

『福澤全集緒言』(1897) の「会議弁」の項には、以下のようにあります。

　　（前略）西洋諸国にて一切の人事にスピーチの必

要なるは今更ら言うに及ばず、彼国に斯くまで必要なる事が日本に不必要なる道理はあるべからず、否な我国にも必要のみかこの法なきが為めに、政治も学事も将た商工事業も、人が人に所思を通ずるの手段に乏しく、之が為めに双方誤解の不利は決して少なからず、今この冊子はスピーチュの大概を記したるものなり、この新法を日本国中に知らせては如何との話に、余はその書を開き見るに成程日本には新奇なる書なり。然らば兎に角にその大意を翻訳せんとて、数日中に抄訳成りしものは即ち会議弁なり。扨その翻訳に当り、第一番に原語のスピーチュに当るべき訳字を得ず。このとき不図思付きたるは、余が旧藩中津にて、藩士が藩庁に対して願届は尋常一様のことなれども、時としては銘々の一身上に付き又は公務上の情実に関し、公然たる願に非ず又届にも非ずして書面を呈出することあるの例にして、この書面を演舌書と云う。他藩にもその例あるや否や知らざれども、兎に角に演舌の文字は中津にて慥に記憶するが故に、夫れより社友と謀り、舌の字は余り俗なり、同音の説の字に改めんとて、演説の二字を得てスピーチュの原語を訳したり。今日は帝国議会を始めとして日本国中の寒村僻地に至る迄も演説は大切なる事にして、知らざる者なきの有様なれども、その演説の文字は豊前中津奥平藩の故事に倣うて慶應義塾の訳字に用い

第1章 「名演説」は最高の教科書

たるを起源として全国に蔓延したるものなり。

(太字は著者による)

　このように、当時、「スピーチュ(speech, スピーチのこと)」の必要性を痛感し、その言葉を訳す必要性に駆られたわけですが、訳すにあたって福澤の脳裏をよぎったのは、福澤の出身地である中津藩(現在の大分県中津市にかつてあった藩)の風習にあった「上申書」のこと、つまり「演舌書」のことだったのです。

　それにちなんで「演舌」にしようとしたものを「舌」は俗な印象を与える漢字であると判断し、「説」に改めたとあります。加えて、引用の後半にもあるように、この中津藩の慣習「演舌」が慶應義塾において「演説」とされ、それが全国に広がっていった語というわけです。

　したがって、speechの訳語が「演説」になり、この「演説」が日本で広まったのは19世紀以降のことなので、日本における「演説」の歴史は、まだ200年にも満たないということになるのです。

1.3. なぜ「名演説」は日本では生まれにくいのか

　ここで重要なのは、福澤らがこの言葉を訳すにあたって、「藩士(=組織の中の人間)が藩庁(組織)に対して直訴する」という概念が頭にあったという点です。つまり、この事実は、当時、個人が組織に対して、あるいは目下のものが目上のものに対して、自分の意見を自由闊

達に述べる風潮が浸透していなかったことの証明でもあるわけです。

事実、福澤自身も『学問のすゝめ　第12編』の「演説の法を勧むるの法」の冒頭において、以下のように述べています。

> 演説とは英語にて「スピイチ」と云い、大勢の人を会して説を述べ、席上にて我思う所を人に伝るの法なり。我国には古よりその法あるを聞かず、寺院の説法などは先ずこの類なるべし。

つまり、日本では「スピーチ」に相当するのは、寺院などでの説法を除いて存在しなかったと福澤は述べているのです。

一方で、福澤は、将来の近代日本にとって必要な技術の1つに「演説」があると考え、1874年（明治7年）に演説会を慶應義塾内で開き、翌年には三田演説館を建て、「演説」の普及に努めました。現在のグローバル化を鑑みると、福澤には先見の明があったといえます。

しかし、21世紀の現在に至るまで、日本においてこの「演説」が欧米ほどには一般化していない理由には、文化的背景の相違と、文化によって培われる土壌が異なるからに他なりません。

というのも、欧米、特にキリスト教国では、国の長い歴史とともに「言葉による交渉や演説、説明」が重んじ

られてきたのです。そもそも、新約聖書の「ヨハネによる福音書」の冒頭には「言葉」について、以下のような記述があります。

> 初めに言(ことば)があった。言は神と共にあった。言は神であった。この言は、初めに神と共にあった。万物は言によって成った。成ったもので、言によらずに成ったものは何一つなかった。言葉の内に命があった。

この引用部からもわかるように、欧米の文化では、「初めに言葉ありき」という言葉から導かれる概念が重要視される風潮があるわけですが、これは、人間の思想とは不可分な「宗教観」とも深く関係しているのです。

また、ヨーロッパにおける多文化、多言語社会が生み出された地理的要因、歴史的な事情などから、「言葉によって、他人の考えを理解する」「言葉を駆使して、何かを説得する」という概念が長い年月をかけて培われていったことは、自然な成り行きに他ならないのです。このような欧米の文化のことを「ロー・コンテクスト(low context)文化」［注：文化的背景などが異なることから、言語に依存する文化のこと］と呼ぶことがあります。

そして、そうした環境の中で、多くの人々に自分の考えを一度に伝えることのできる手段である「スピーチ(演説)」が発展していったことは、驚くことではありま

せん。その証拠に、ヨーロッパの長い歴史をひも解いてみると、そこには数々の名演説が存在するのです。

例えば、古代ローマでは、政治家や有力者たちは、何かにつけて、演説を行ないました。この時代は、身分制度が固定されていたため、それを超えることは容易なことではありませんでしたが、身分の低い貴族出身の人物が立身出世を果たすためには、軍事的貢献、有力者とのコネクションのほかに、法廷などの場で「人を説得する力」、すなわち「演説力」があることが要件でした。言い換えれば、「演説力」は道を切り拓くための1つの重要な手段であり、技術だったというわけです。

このように、「演説力」が重んじられる風習ゆえに、古代ローマの裕福な家庭では、ギリシャやヘレニズム世界において重視されていた哲学や自然科学、歴史、地理といった科目よりも、法廷での弁論や政治上の演説を行なうための「**修辞学**」、つまり、「人を説得するための方法や言葉の選択などの演説法」を習得することが重んじられていたのです。

この様子は、共和政ローマ期の政治家、弁護士、文筆家として知られたキケロ（マルクス・トゥッリウス・キケロ　Marcus Tullius Cicero、B.C.106-B.C.43）の「修辞学」［注：『キケロー選集6』岩波書店を参考のこと］に詳しく書かれています。特に、「弁論術の分析」の項において、父（キケロ）と子の対談形式で、父が子に修辞学についてわかりやすく説いている点は、注目に値しま

す。

　この時代の名演説の例を1つ挙げるとすると、紀元前63年の「カティリナ弾劾演説（Catiline Orations）」があります。これはキケロが共和政ローマの転覆をはかるクーデターを企てたカティリナの陰謀と悪行を元老院や市民集会において弾劾した演説を指し、彼の演説のうちでも「名演説」として、現代にまで語り継がれています。カティリナは、この演説を機に、失脚を余儀なくされ、加えて、紀元前62年に殺害されるのです。19世紀のイタリアの画家チェザーレ・マッカーリはこの演説の場面を『カティリナを非難するキケロ』という作品で描いています。

カティリナを非難するキケロ（チェザーレ・マッカーリ画）

　一方で、演説自体の歴史が浅く、基本的に単一民族である（議論の余地のあるところですが）日本人は、言いた

いことを言葉によって伝えなくても、「察し」によって相手の意図をくみ取るなど「**ハイ・コンテクスト（high context）文化**」の中で生きてきました。日本人が演説になじみがなく、名演説が生まれにくい環境に生きていることは、仕方のないことなのかもしれません。

しかしながら、現代のグローバル社会において、「言葉による交渉や演説」を学ぶことは、英語力を向上させるだけでなく、外国の文化や思想を学ぶことにもつながるので、「ロー・コンテクスト文化」に生きる人たち、つまり欧米人との円滑なコミュニケーションを促す一助ともなるのです。

もちろん、英語はすでに英語を母語とする人たちだけの言葉ではなく、「世界語」であるので、欧米人以外の外国人とコミュニケーションを取るための言語媒体をより深く学ぶことにもつながるのです。

1.4. なぜ名演説は名演説たり得るのか

次章以降、実際に名演説を取り上げていきますが、名演説はなにゆえ名演説なのでしょうか。名演説と言われるためには、以下の条件を満たしている必要があります。

① 演説によって、聴衆に**影響を与えた**かどうか。
② 演説の中のフレーズがインパクトのあるもので、人々の**記憶に残る**ものか。

③　演説の中に、**ストーリー性**があるか。
④　演説の内容が、**時代を超越する概念**か。

　①に関して言えば、具体的には、どれくらい聴衆を勇気づけたか、どれくらい説得力があったか、どれくらい感動させたかということによって、影響力の多寡が決まるのです。ですから、**演説の与える影響力**が大きければ大きいほど、名演説と言われる確率は高まります。

　ただし、マイナスの影響力が大きい場合には、一般的に言って、名演説と呼ばれることはありません。例えば、有名な話ですが、ドイツの独裁者ヒトラーは、演説が巧みな政治家として知られ、彼の演説は当時の人民に多大なる影響を与えました。だからと言って、ヒトラーが行なった歴史的な罪を鑑みれば、彼の演説を名演説とは言い難いのです。

　②に関しては、「**人々の記憶に残るようなフレーズ**」つまり「名台詞」があるかです。記憶に残るフレーズは、往々にして、「**短く、簡単な語**」が使われています。

　例えば、次章で紹介するリンカーン元大統領の『ゲティスバーグ演説（The Gettysburg Address）』は名演説と言われますが、その中の"government of the people, by the people, for the people"（人民の、人民による、人民のための政治）というフレーズは、世界中でほとんど誰もが知るところです。

　③に関しては、聴衆が引き込まれるような「**ストーリ**

一性」があることが重要です。つまり、当事者意識が生まれるような聞き手に共通した物語が演説にあるか、あるいは共感できるような物語があるかということです。

この点、第8章で取り扱うキング牧師による"I have a dream"（私には夢がある）では、当時のアフリカ系アメリカ人（いわゆる黒人）をはじめとするマイノリティーの苦悩を代弁し、人々の思い描く夢と理想を力強く語ったところが、名演説たる所以なのです。

④に関しては、演説の作成者［注：話者本人である場合と、スピーチ・ライターである場合がありますが］が、時機を読み、それに合致する内容にすれば、それは話題になること必至です。したがって、演説の作成者と話者に求められるのは、時機を読む力でもあるわけです。

しかし、名演説と呼ばれるには、時代を超越した**普遍の価値観**が演説に存在するかも重要な要素となります。例えば、先に言及したキケロの『カティリナ弾劾演説』が行なわれたのは、紀元前63年のことですが、2000年以上たった現在でも、それが名演説と言われる所以の1つは、「理路整然と悪行を暴き、それを戒める」という点が、現代人にも理解できる普遍の価値観だからです。

1.5. 名演説から何を学べるのか

ところで、「演説（スピーチ）」は「プレゼンテーション（presentation）」の形式の一部です。しかし、英語圏の人が考えるプレゼンテーションの定義と、日本人が考

える定義とでは異なりますので、注意が必要です。簡単に言うと、英語圏のほうが広義で、一般的です。

以下の定義（米山　2013）を見てみましょう。

英語における presentation の定義

presentation 1. [U] the act of showing something or of giving something to somebody, 2. [U] the way in which something is offered, shown, explained, etc. to others, 3. [C] a meeting at which something, especially a new product or idea, or piece of work, is shown to a group of people (*Oxford Advanced Learner's Dictionary*, 8th　2010)

（プレゼンテーション　1. [U] 誰かに何かを示したり、伝えたりする行為。2.[U] 人に何かを提供し、示し、説明するなどの方法。3.[C] 人々の集団に対して、特に、新しい製品や考え、仕事など何かについて示される会合のこと）

つまり、スピーチはプレゼンテーションの内の1つと解釈することができます。

ところで、「良いプレゼンテーション」というのは、通常、3つの要素のバランスが整っていることが条件となります。その3つの要素とは、

① 「**内容構成技術**（content organization skills）」

② 「話し方の技術 (delivery skills)」
③ 「視覚的伝達技術 (visual message)」
のことを指します。

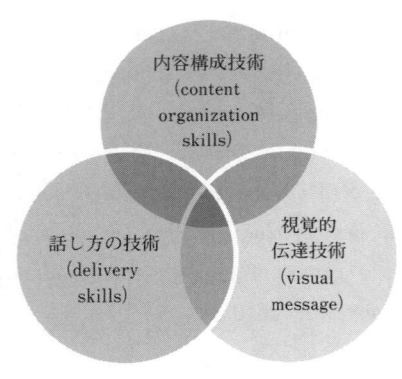

プレゼンを構成する3要素
(米山　2013)

　このことから、「演説（スピーチ）」と「プレゼンテーション」の相違を導き出すことができます。つまり、「演説（スピーチ）」では、「視覚的伝達技術」がほぼ構成要素から除外されるため、「内容構成技術」と「話し方の技術」で勝負をしなくてはなりません。つまり、これらが卓越していなくてはならないというわけです。
「視覚的伝達技術」とは、簡潔に言うと、プレゼンテーション用のPCソフトを使用したり、映像や写真を使用したりすることで、効果的にプレゼンテーションを見せるための技術のことですが、これは近年のコンピュータ

技術の進歩によって急速に発展した技術ですので、古い演説やフォーマルな演説では、この技術が使われない（使えない）ことがあります。

したがって、英語学習・英語力向上という観点からすると、「**内容構成技術**」と「**話し方の技術**」をしっかりと磨く必要があるのです。

ゆえに、本書では、これらの2つの技術を学ぶことによって、英語力向上を目指します。特に、以下の3点を本書で学んでいきます。

① **演説の内容と構成を理解する**

名演説の中で最も印象的な部分を2カ所（Part 1とPart 2）取り上げています。それに【全訳】や【語注】を付けましたので、その箇所を読んで名演説に対する全般的な理解を深めましょう。

② **演説の効果的な構成法・演説法・発声法を学ぶ**

名演説は、「人を魅了する力」にあふれています。それは、「内容構成技術」が優れていることや、「話し方の技術」であるボディ・ランゲージ、声の使い方が巧みなことによるものです。

これらの技術は、各章の2番目の項目（E.g. 1.2.、2.2. など）にある「**英語力向上の極意**」で学んでいきます。さらに、この「**英語力向上の極意**」では、英語力を強化する際にポイントとなる点を取り上げて、それに解

説を加えてあります。

　と同時に、自然で正しい発音を学習することも目標の1つです。名演説の引用箇所の後（【全訳】と【語注】の後）に、【発音注】を付けてありますので、そこで正しい発音を確認してください。また、日本人が発音学習上困難を極める点に関しては「**英語力向上の極意**」でも具体的に取り上げ、解説を加えました。

　最近では、政府のホームページや動画サイトなどで、実際の演説の模様が見られるので、それを活用しながら、英語学習を行なうと一層効果的です。演説のURLも記してありますので、そこにアクセスして見てみましょう。実際の名演説は、かなりの迫力があります。

③　フレーズを学ぶ

　名演説には、「人を動かす力にあふれた名台詞」があるものです。その名台詞を何度も口に出して、覚えることによって、それが実際に使えたり、応用できたりするようになることを目標にしましょう。

　そうした台詞は、本書では、Part 1 及び Part 2 の引用の後にある「**名演説の中の名台詞**」で紹介しています。その中で、名台詞に関するエピソードや背景を紹介することによって、名台詞を深く理解できるように工夫してあります。そして、名台詞には興味深い内容やテクニックが隠されているので、それも学んでいきましょう。

26

また、上記の3点に加えて、以下の2点を学ぶことによって、名演説の一層の理解を促します。

④　演説者（スピーカー）について理解する
　演説を理解するには、まず、演説者（スピーカー）自身について、理解する必要があります。なぜなら、その人の背景や立場を理解することなく、演説を理解することは困難だからです。
　各章の冒頭に「**演説者の生涯（生い立ち）と演説の背景**」として簡潔にまとめてありますので、その部分を参考にしてから、演説を読むと、演説への理解が深まります。

⑤　名演説の裏話を知る
　また、名演説誕生の裏には、さまざまなエピソードが隠されています。そのエピソードを章末に「**名演説の裏話**」という形で紹介してあります。
　④とともに、演説を理解するために欠かせない部分と言えるでしょう。

　それでは、次章から実際に名演説を見てみましょう。

第Ⅰ部
アメリカの大統領による名演説

　第Ⅰ部では、3人の歴代アメリカ大統領による名演説をご紹介します。第2章では、リンカーン大統領の「ゲティスバーグ演説」を、第3章では、ケネディ大統領による「就任演説」を、第4章では、オバマ大統領の「就任演説」を取り上げます。

　いずれも、歴史に残る名演説と言えるでしょう。

　これらの演説を通じて、リーダーシップは演説力であり、演説力がある人はリーダーシップがあるという構図が浮かび上がってきます。

第2章
エイブラハム・リンカーン
――ゲティスバーグ演説

　この章では「人民の、人民による、人民のための政治」というフレーズで有名な、第16代米国大統領エイブラハム・リンカーン（Abraham Lincoln, 1809-1865）の『ゲティスバーグ演説（The Gettysburg Address）』を取り上げます。

　この演説は、名演説中の名演説ですので、必ず押さえておきたいものです。そして、世界で最もよく知られる演説の1つでしょう。

2.1. リンカーンの生涯と演説の背景

　リンカーンは、アメリカの中東部にあるケンタッキー州に生まれます。父親は開拓農民で、ケンタッキー州、インディアナ州、イリノイ州と移住し、貧しい中で育ち

ました。このような環境にあったため、リンカーンは正式な教育をほとんど受けていませんでした。しかし、不断の努力を重ね、法務事務や雑貨店の経営をしたり、郵便局長や測量士になったりと、さまざまな職業を経験したのち、法廷弁護士となるのです。

その後、1834年にイリノイ州議員となり、1842年、ケンタッキー州の名門令嬢メアリー・トッド（Mary Todd, 1818-1882）と結婚し、4人の息子をもうけます。1846年に、下院議員に当選、1858年、共和党州大会で上院議員に指名されますが落選してしまいます。しかし、それが逆に追い風となり、1860年、米国史上初の共和党所属の大統領に当選するのです。

リンカーン大統領（1863年）

翌年、奴隷制大農場を基盤とする南部諸州と、商工業が盛んで奴隷制に反対する北部諸州の利害の対立から南北戦争 (The Civil War, 1861-1865) が勃発します。戦争中盤の1862年に「奴隷解放宣言 (Emancipation Proclamation)」を行ない、これによって南部の奴隷300万人を解放することとなります。このことがきっかけとなって、リンカーンは「奴隷解放の父」と呼ばれることがあります。

　この演説は、南北戦争の最中の1863年11月19日、ペンシルバニア州ゲティスバーグの国立戦没者墓地の奉献式で行なわれたものです。奴隷問題を焦点として米国が南北に分裂して戦ったこの戦争の死者は60万超で、米国史上最大の戦争被害をもたらすこととなります。

　こうした悲惨な状況の中で、わずか272語［注：バージョンによっては、268語のものもあります］から成る3分たらずの演説が、人々を救う一筋の光となったことは想像に難くありません。

　最小限の言葉で多くを語ることは非常に難しく高度なテクニックなのですが、リンカーンはまさにそれを実践しました。通例の演説によく見られる and や but といった連結語の使用が最小限にとどめられているので、文のリズムが勢いをそがれることなく、スムーズに流れている点が秀逸で、名演説と言われる所以です。

　しかし、それから1年半ほどたった1865年4月14日、リンカーンは観劇中に至近距離から拳銃で撃たれて

第 2 章　エイブラハム・リンカーン

致命傷を負い、翌日死亡するのです。

2.2. 演説から学ぶ
Part 1

Four score and seven years ago our fathers brought forth on this continent, a new nation, conceived in Liberty, and dedicated to the proposition ① that all men are created equal.

Now we are engaged in a great civil war, testing whether ② that nation, or any nation so conceived and so dedicated, can long endure. We are met on a great battle-field of ③ that war. We have come to dedicate a portion of that field, as a final resting place for those who here gave their lives ④ that ⑤ that nation might live. It is altogether fitting and proper ⑥ that we should do this.

引用元 Abraham Lincoln Online
URL: http://www.abrahamlincolnonline.org/lincoln/speeches/gettysburg.html

【全訳】
　87 年前、私たちの祖先は、この大陸に新しい国家を生み出しました。それは、自由の精神に育まれ、すべ

ての人々は平等に創られているという命題に捧げられた新しい国家なのです。

現在、私たちは大きな内戦の渦中にいます。この内戦によって、私たちの国家のみならず、このような理念に育まれ、このような命題を信じるあらゆる国家が永続するか否かが試されているのです。私たちは、こうした戦争の一大戦地に集(つど)っているのです。私たちは、そういう国家が存続できるようにと、自らの命を捧げた人々のために、ここを最終的な安住の地として、この戦場の一部を捧げるためにやってきたのです。こうすることは、まったくもって適切で、当然なことなのです。

【語注】

Four...ago 87年前［注：score は「20」の意味］、our fathers 私たちの祖先［注：1776年に英国からの独立を成し遂げた人々］、brought forth ～を生み出した、this continent 米大陸、conceived in Liberty 自由の精神に育まれた、dedicated...equal すべての人々は平等に創られているという命題に捧げられた、are engaged in ～の渦中にある、great civil war 大きな内戦［注：南北戦争のこと］、any...dedicated このような理念に育まれ、このような命題を信じるあらゆる国家、long endure 永続する、(be) met...war こうした戦争の一大戦地に集っている、dedicate...resting place 最終的な安住の地として、その

戦場の一部を捧げる、for...live そういう国家が存続できるようにと、自らの命を捧げた人々のために、altogether...proper まったくもって適切で、当然な

【発音注】
conceived［クンシーヴドゥ］、dedicated［デディケィティドゥ］、proposition［プラパジシュン］、endure［インデュア］

名演説の中の名台詞（1）

all men are created equal
「すべての人間は平等に創られている」

【解説】
　この台詞は民主主義を代表する言葉として世界的に知られた一節ですが、もともとは、トマス・ジェファーソン第3代米国大統領（Thomas Jefferson, 1743-1826）が、「独立宣言（The unanimous declaration of the thirteen United States of America, 通称 The Declara-

福澤諭吉による『西洋事情』

tion of Independence)」において使用した句で、リンカーンが再度引用したことで、知られることとなったのです。したがって、リンカーン独自の言葉ではないのです。

日本では、福澤諭吉がその著書『西洋事情』の初編巻之二において、「千七百七十六年第七月四日、亜米利加十三州独立の檄文(げきぶん)」において独立宣言の全文を紹介してから、この概念が日本に広まることとなりました。

✓ 英語力向上の極意
極意（1） よい演説（スピーチ）のための条件とは

演説を深く理解するには、以下の4点を把握しながら聞き、解釈することが重要となります。その4点とは、

(1) どのような状況下で（＝状況設定）
(2) どのような場所で（＝場面）
(3) 誰に向かって（＝対象者）
(4) 何のために演説しているのか（＝演説の目的）

ということです。ゲティスバーグ演説では、

(1) 南北戦争（1861-1865）の最中の1863年11月19日に

（2）ペンシルバニア州ゲティスバーグの国立戦没者墓地の奉献式において
（3）傷ついた兵士たちや関係者に対して
（4）自由のために命を懸けて戦った戦死者を顕彰するため

と、上記の4点が明確となっています。

ここからわかることは、演説（スピーチ）やプレゼンテーションを行なう際に、上記の4点、つまり、(1) **状況設定**、(2) **場面**、(3) **対象者**、(4) 演説の**目的**を考慮して話すことが、良い演説に、ひいては名演説につながるということです。

英語圏では、こうした項目を明確にすることを意識して話したり、準備を行なったりすることによって、演説やプレゼンテーションの効率化につなげますが、日本では、まだまだスピーチ文化が浸透していないことから、上記の項目を考慮せずに演説を行なうことが多々あるのです。

しかし、上記の項目を考慮して話すようにすると、ビジネスの場でも、アカデミックな場でも好まれる話し方につながります。というのも、こうした配慮は、演説やプレゼンテーションで重要となる「求められているものに応える」態度につながるからなのです。

極意 (2)　that の発音は品詞によって異なる

　Part 1の引用箇所では、that が頻繁に出てきます［注：下線部①〜⑥を参照のこと］。この that が、実は、発音に要注意な語であることは一般にあまり知られていません。

　どういうことかと言いますと、「その、あの」という**指示形容詞**の場合には、**強勢（ストレス）**が置かれ明確に「ザットゥ」と**強形**で発音します。しかしながら、**接続詞**の場合には、**弱形**の少しあいまいな「ズットゥ」に近い発音となります。

　例えば、whether ② that nation、of ③ that war、⑤ that nation might live の that は、強く読みます（強形）が、the proposition ① that、their lives ④ that、proper ⑥ that は弱く読みます（弱形）。

　つまり、ネイティブスピーカーは品詞によって、発音を使い分けることで、意味の違いも示唆することがあるのです。

　指示形容詞などの**内容語**［注：意味内容がはっきりしている語］の場合には**強形**で、接続詞や前置詞などの**機能語**［注：内容語とともに用いられ、それらの文法的な機能を示す語］の場合には**弱形**で発音される点に注意が必要です。ただし、例外もあります。

　多くの英和辞典では、この弱形を示すのに発音記号の部分に、(弱) といった表記をしています。英英辞典では、weak と書いてある場合があります。

第2章　エイブラハム・リンカーン

☞極意を使う（1）　that を読み分ける

Task 1

　以下の下線部は、指示形容詞または代名詞なので強形で発音するでしょうか、それとも接続詞なので弱形で発音するでしょうか。

（例文）

① I know (A) that (B) that person is an office worker of (C) that company.
② Do you think (A) that what John did is an appropriate way to solve (B) that issue?
③ We understand (A) that deceiving poor men is wrong, but some people say (B) that (C) that is "the law of the jungle".

（訳）

① あの人があの会社に勤めているということを私は知っています。
② ジョンがしたことは、あの問題を解決するのに適切な方法だったと思いますか。
③ 貧しい人をだますことは間違っているということを私たちは理解していますが、それが「弱肉強食」だという人もいます。

39

（答え）
① (A) 弱形　(B) 強形　(C) 強形
② (A) 弱形　(B) 強形
③ (A) 弱形　(B) 弱形　(C) 強形

Task 2
上記の答えに基づいて、弱形と強形に注意しながら、正しく英文を音読してみましょう。

Part 2
次は、最も有名な台詞を含む後半からの引用です。

① But, in a larger sense, we can not dedicate — we can not consecrate — we can not hallow — this ground. The brave men, living and dead, who struggled here, have consecrated it, far above our poor power to add or detract. The world will little note, nor long remember what we say here, but it can never forget what they did here.　② It is for us the living, rather, to be dedicated here to the unfinished work which they who fought here have thus far so nobly advanced.　③ It is rather for us to be here dedicated to the great task remaining before us — that from these honored dead we take increased devotion to that cause for which

第 2 章　エイブラハム・リンカーン

they gave the last full measure of devotion — that we here highly resolve that these dead shall not have died in vain — that this nation, under God, shall have a new birth of freedom — and that ④ government of the people, by the people, for the people, shall not perish from the earth.

引用元 Abraham Lincoln Online
URL: http://www.abrahamlincolnonline.org/lincoln/speeches/gettysburg.html

【全訳】

　しかし、より広い意味では、私たちはこの地を神に捧げたり、聖別したり、神聖に清めたりすることはできないのです。生存者であれ、戦死者であれ、ここで戦った勇敢な人々が、すでにここを清めたのです。それには、私たちの微力などはるかに及ばないのです。世間は、ここで話したことに、ほとんど注意を払うことはありませんし、長く記憶にとどめることもないでしょう。しかし、世間は勇者がここで行なったことを決して忘れることはありません。ここで戦った人々がこのように高貴に前進させた未完の事業に対して献身することは、むしろ生きている私たちの務めなのです。私たちは目の前に残された偉大な事業に身を捧げるべきなのです。すなわち、私たちは、この戦場での名誉ある戦死者が、最後の

力を尽くして命を捧げた偉大な大義に対して、一層の献身を捧げるべきなのです。また、私たちは戦死者の死を決して無駄にしないことを固く誓うべきです。さらに、神の下に、この国に新たな自由の誕生をもたらすべきです。そして、人民の、人民による、人民のための政治を、この地上から決して消滅させないことを期するべきなのです。

【語注】

in a larger sense より広い意味で、dedicate 〜を捧げる、consecrate 〜を聖別する、hallow 〜を神聖に清める、living and dead 生存者であれ戦死者であれ、struggled here ここで戦った、have consecrated it この戦場を清めた、far...detract 私たちの微力などはるかに及ばない、little...remember 〜にほとんど注意を払わず、長く記憶にとどめることもないだろう、us the living 生きている私たち、unfinished...advanced ここで戦った人々が、このように高貴に前進させた未完の事業、honored dead 名誉ある戦死者、take...devotion 最後の力を尽くして命を捧げた偉大な大義に対して、一層の献身を捧げる、highly resolve 固く誓う、these...vain 戦死者の死を決して無駄にしない、shall...freedom 新たな自由の誕生をもたらす、shall...earth 地上から決して消滅させない

【発音注】

consecrate［コンサクレイトゥ］、hallow［ハロゥ］、detract［ディチュラクトゥ］、fought［フォートゥ］、nobly［ノゥブリ］、devotion［ディヴォゥシュン］、vain［ヴェイン］、perish［ペリッシュ］

名演説の中の名台詞（2）

government of the people, by the people, for the people
「人民の、人民による、人民のための政治」

【解説】

　この箇所は通例、「人民の、人民による、人民のための政治」と訳されることは、周知の事実です。多くの教科書や書物でこの台詞を目にしたことがあるでしょう。

　ここでは、より深く理解するために、少しばかり、文法的な解説をしましょう。特に、最初の部分 government of the people に注目する必要があります。

　まず、この部分は、people が government の意味上の目的語になっています。つまり、of は「目的格」の関係を表わす用法なので、ここでは「人民を統治する」という意味になります。したがって、この部分は「人民を、人民が、人民のために統治すること」とい

う解釈が成り立ちます。

　上記のように、文法上では、ofの後ろは「客体」［注：主体の意志や行為の対象となるもの］とみなす解釈がある一方で、法学者や憲法学者、政治学者の中には、「人民」が「主体」［注：行為者］となり「人民が統治する」という解釈もあるようです。通例の「人民の、人民による、人民のための政治」という訳は、この解釈に基づくと考えられます。

　ところで、この部分はリズム良く響き、多くの人がそらんじることができる台詞としても有名です。そのわけは、「**連辞省略（asyndeton）**」と言って、接続詞を使用することなく、言葉を並べることによって、リズム感と躍動感をかき立てることができるというレトリック（修辞法［注：文章や演説に豊かな表現を与える技法］のこと）が使われているからなのです。

　このように名演説には、さまざまなレトリックが効果的に使われているのです。

✓ 英語力向上の極意

極意（3）　繰り返しを声で表現する

　ここでは、同じ表現が繰り返し出てきた際に、どのような音声を用いて表現するかについて考えてみましょう。

　まず取り上げたいのが、下線部①の1文です。ここでは we can not が3度登場します。また、それらに伴

う、dédicate、cónsecrate、hállow という動詞はどれも似た意味を持っています（類義語）。自分が伝えたいことを異なる単語を使って表現する目的の1つが、**内容の強調**です。否定の can not も重要な語句ですが、それ以上に上記の動詞をはっきりと声に出して読む必要があります。したがって、ここでは、dedicate などの動詞を強調して読む必要があります。

また、下線部④にある最も有名な部分、government of the people, by the people, for the people です。ここでは the people が共通した単語なので、共通していない単語、つまり of、by、for をそれぞれ強調して音読する必要があります。

このように演説における**繰り返しの技巧**［注：専門用語では「**対句法（parallelism）**」と呼びます］では、「**共通しない部分**」を明確に発音することが、聞き手にメッセージを伝える際の重要なポイントになります。また、この技法は**発言を印象付ける**効果があるのです。

極意（4） 言い換えの技巧を使う

この演説は、日本のみならず、英語を学ぶ国において親しまれている演説です。例えば、日本でも、「中学校や高等学校で英語の先生に暗記をさせられた」とか、「大学の英語部（ESS, English Speaking Society）に入って初めて暗記させられたのがこの演説だった」という読者の方もいらっしゃるのではないでしょうか。

では、なぜ多くの国や学校で、この演説が英語学習者に学習上の課題として与えられるのでしょうか。その理由の1つは、リズムを学ぶのに優れた構造になっているからです。このリズムが良い理由は、前述の「英語力向上の極意（3）」でも言及したように類義語を使って言い換えているからです。たとえば、下線部①の dedicate、consecrate、hallow は類義語ですし、下線部②と③は言い換え表現です。このように「言い換えの技巧」を使うことによって、リズムが良くなるだけでなく、後続する語（句）から意味を推測できるというメリットもあります。

　加えて、**言葉の装飾がなく、シンプルな構成や言葉遣いになっているという点もこの演説が名演説である所以**なのです。

　逆に、演説やプレゼンテーション下手な人が陥りやすい誤りの1つは、難解な言葉をこれ見よがしに多用してしまうことです。例えば、日本ですと、四字熟語や慣用句を使う、英語圏ですと、短いアングロ＝サクソン系の言葉ではなく、長いラテン語系の言葉を使うといった具合です。

　確かに、難解な表現や語彙(ごい)を使用することによって、「知的さを演出できる」などのメリットもあるのですが、こうした言葉を避けたり、別の言葉や表現で言い換えたりすることで、「聴衆との距離を縮めることができる」という効果もあります。特に、聴衆の層が広く、多様で

第2章 エイブラハム・リンカーン

あればあるほど、この効果が適切に発揮されるのです。

☞ 極意を使う (2)　簡単な言葉で言い換える

以下の下線部の単語を簡単な語（句）で言い換える練習をしてみましょう。特に、簡単で、かつ、良いイメージを与える語を選んでみてください。

(例文)
① Our company decided to <u>reduce</u> research expenses by 3% a year.
② The first <u>action</u> to increase sales is to understand customers' needs.
③ Our accountant <u>examined</u> the profit-and-loss statements of 2011.

(訳)
① 弊社は年率3%研究費を削減することにしました。
② 売り上げをあげる第一歩は顧客のニーズを理解することです。
③ うちの会計士が2011年の損益計算書を詳しく調べました。

(答え)
① cut
(解説) reduce よりも、行動力と決断力が増します。

② step
  （解説）action よりも、段階的な達成感を演出できます。
③ looked over
  （解説）examine は「詳細に調査する」という堅苦しさと高圧的な印象を与えることのある動詞ですが、そのようなニュアンスが look over にはないので、聞き手を尊重している印象を与えることができます。

　このように、シンプルなのですが、ポジティブなイメージを与える単語・語句を使用することによって、話の内容に肯定的な印象を与えることができます。日常生活でも、こうした語（句）を多用する工夫をしてみましょう。

2.3. 名演説の裏話　「リンカーンの声と話し方」

　ところで、リンカーン大統領の声はどのようなものだったのでしょうか。そして、演説での話し方はどのようなものだったのでしょうか。

　残念ながら、実際の音声は現存しませんので、聞くことはできないのです。しかしながら、これまでに数多くの俳優がリンカーンを演じ、ゲティスバーグの演説を熱演してきたので、リンカーンの声に対するイメージを思い浮かべることは容易かもしれません。

　はじめに、声質について考えてみましょう。リンカー

ンを題材とした映画では、たいてい、低い声の俳優が大統領を演じていることが多いため（意図的に声を低くして演じている場合もありますが）、リンカーン大統領の声は「低い」とか「渋い」とかと思っている人が多いのではないでしょうか。一例を挙げると、2013年にアメリカで公開となった"Saving Lincoln"という映画では、イリノイ州出身のトム・アマンデス（Tom Amandes, 1959–）がリンカーン大統領を演じましたが、ゲティスバーグ演説を低くて太く、力強い声で行なっていました。こうした演出は、俳優や映画関係者が、声が低いほうがリンカーンを演じるうえで効果的で説得力が増すと解釈したからでしょうが、こうした影響からか、現代人の多くが、「リンカーンの声は渋くて低い」と思っているのかもしれません。

前述のようにリンカーンの声は残っていないので、リンカーンの声を実際に聞いた人の証言に頼らざるを得ませんが、そうした伝聞証人による記述や発言（注1）を読むと、さまざまな人がリンカーンの声は、「**甲高く（shrill）**」、場合によっては「**金切り声に近い（squeak）**」などと表わしていますので、声質自体はそれほどよかったわけではないようです。

しかし、同時に多くの人が、リンカーンの声は「よく通り、力強く、発声が明確であった」と語っています。声の大きさに関しては「大きい（loud）」という証言も

注1　Braden（1988）など

あれば、「それほど力強く、声を張っている感じではなかった」という証言もあるので一致を見ませんが、共通しているのは「声が通っていた」という点であるので、聴衆に声はしっかりと届いていたと考えられます。このことから、リンカーンは大勢の前でも通用する演説技術は持ち合わせていたものと推測できます。実際、リンカーンは家族や親しい人の前で、シェークスピアの作品を演じるという俳優の側面もあったというエピソードも残っていますし、弁護士時代は非常に有能だったようです。

次に、この演説の速度について考えてみましょう。たった272語の演説が約3分かかったと言われていますので、かなりゆっくりとした速度で話していたことがわかります。もちろん途中、拍手で中断されたようですが、それを加味しても、速度は遅いのです。というのも、一般に英語母語話者の話し言葉における1分間の語彙数（WPM, words per minute）は150〜160語くらいと言われています。

では、場面によるWPMの一例を用いて、もう少し詳しく語数と速度の関係について考えてみましょう。研究(注2)によると、場面別のWPMを以下の表にまとめることができます。

注2　Tauroza and Allison (1990)

第2章　エイブラハム・リンカーン

	平均的な WPM	ゆっくりと感じる WPM
ラジオ	150-170 語	130 語
講義	125-160 語	100 語
インタビュー	160-210 語	120 語
会話	190-230 語	100 語

　この結果を考え併せても、リンカーンの就任演説が遅い速度で話されていることがわかります。

　いずれにせよ、「実際の声が残っていたら、ぜひ聞いてみたい」と思わせる名演説であることには間違いありません。だからこそ、数多くの俳優がそれぞれの解釈でこのゲティスバーグ演説を再現してきたのではないでしょうか。

第3章

ジョン・F・ケネディ
——大統領就任演説

　この章では、米国第35代大統領、ジョン・F・ケネディ（John Fitzgerald Kennedy, 1917–1963）によって1961年1月20日に行なわれた就任演説を取り上げます。

　若きアメリカのリーダーの演説は、死後50年たった今でも、色あせない点が魅力です。そして、この演説は、リンカーン大統領のゲティスバーグ演説と並び称される名演説の1つです。

3.1. ケネディの生涯と演説の背景

　ケネディは、1917年、アイルランド系移民の子孫としてマサチューセッツ州で生まれ、父親は実業家で駐英大使を務めた人物でした。ハーバード大学に学び、第2

第3章　ジョン・F・ケネディ

次世界大戦中は、海軍で水雷艇の指揮をとり、多くの戦功で勲章を授与されています。

戦後は政治家となることを決意して民主党に入党してから、政治家としての頭角を現わしていきます。1946年にマサチューセッツ州から下院議員選挙に出馬し当選、1952年には上院議員に選出されました。そして、プライベートでも大きな変化を迎えます。1953年には、ジャクリーン（Jacqueline Lee Bouvier, 1929–1994）と結婚し、4人の子供をもうけます。うち、成人したのは、2014年現在、米国駐日大使であるキャロライン・ケネディ（Caroline Bouvier Kennedy 1957–）と、ジョン・F・ケネディ・Jr.（John Fitzgerald Kennedy Jr., 1960–1999）の二人です。

ケネディ一家の写真 (写真：アフロ)

その後、1961年1月に43歳という史上最年少の若さで大統領に就任します。ケネディが大統領に立候補した1960年代初頭の米国は、宇宙開発や核ミサイル配備でソ連に後れを取り、目と鼻の先にあるキューバでは、カストロによるキューバ革命（1959年）が成功し、社会主義政権が誕生するなど、重い空気が漂っていた時代でした。そのような中での就任演説では、台頭する共産主義の挑戦に対して毅然たる態度で臨むことを示し、米国民及び友好国の士気を鼓舞したのです。

しかし、就任から3年目の1963年11月22日、ケネディ大統領は遊説先のテキサス州ダラスで暗殺され、米国国内だけでなく、世界中に衝撃を与えました。

この章で紹介する就任演説は、大統領特別顧問で、ケネディが"intellectual blood bank（知的な血液バンク）"と呼んだスピーチライターのセオドア・C・ソレンセン（Theodore Chaikin Sorensen, 1928-2010）が起草しました。このように、名演説と呼ばれる演説が作られた背景には、優秀なブレインがいました。この他にも、大統領に就任した際に、ケネディがアメリカ屈指の知的エリートを自身の母校であるハーバード大学などから集めたことは周知の事実です。

このスピーチライターという存在は、20世紀以降に専門職となったと考えることができます。鈴木（2010）によると、初代大統領ワシントン（George Washington, 1732-1799）から、第28代大統領ウィルソン（Thomas

Woodrow Wilson, 1856-1924)までは、側近が助言を与えることはあったようですが、大統領自身が実質的なスピーチの作者とみなせると述べています。それ以降は、スピーチライターが演説やスピーチの作成者となったようです。

ケネディの場合は、この演説の前に、リンカーン[注:第2章 参照]をはじめとする歴代の米大統領の演説を徹底的に研究させたと言われ、特に**「短く平易な語を使い、同じ表現を繰り返す」**といった手法を参考にしました。

「国家があなたにしてくれることを問うのではなく、あなたが国家のために何ができるかを問おうではありませんか」という名文句は、こうして生まれたのです。

平和について語り、明確なヴィジョンを示し、人々を力強く鼓舞した演説だからこそ、名演説と言われるのです。

このケネディ・スピリットは多くの若者に影響を与えました。その一人が、のちに第42代米国大統領となったビル・クリントン(William Jefferson Clinton, 1946-)です。

3.2. 演説から学ぶ

Part 1

まず、冒頭の、「人間の権利を尊重すること、平和と自由を死守すること」を訴えた部分を引用してみましょ

う。

The world is very different now. For man holds in his mortal hands the power to abolish all forms of human poverty and all forms of human life. And yet the same revolutionary beliefs for which our forebears fought are still at issue around the globe — the belief that the rights of man come not from the generosity of the state but from the hand of God.

We dare not forget today that we are the heirs of that first revolution. Let the word go forth from this time and place, to friend and foe alike, that the torch has been passed to a new generation of Americans — born in this century, tempered by war, disciplined by a hard and bitter peace, proud of our ancient heritage — and unwilling to witness or permit the slow undoing of those human rights to which this nation has always been committed, and to which we are committed today at home and around the world.

① Let every nation know, whether it wishes us well or ill, that we shall pay any price, bear any burden, meet any hardship, support any friend, oppose any foe to assure the survival and the success of liberty.

第3章　ジョン・F・ケネディ

引用元　John F. Kennedy Presidential Library and Museum

【全訳】

　現在、世界は以前とはかなり異なっています。なぜなら、全人類のあらゆる形の貧困やあらゆる形の人命を根絶する力を、人間はその手のうちに掌握(しょうあく)しているのですから。しかし、私たちの先祖が戦った時と同じ革命の信念は、世界のあらゆるところで、いまだに問題とされているのです。その信念とは、人間の権利が、国家の寛大さから生まれるのではなく、神の御手(みて)によって授けられるということです。

　今日、私たちは、最初の革命の後継者であることを忘れはしません。この時、この場所から、友にも敵にも等しく、次の言葉を広めようではありませんか。(革命の)松明(たいまつ)は新しい世代のアメリカ人に手渡されたのです。彼らは今世紀に生まれ、戦争で鍛えられ、辛く厳しい平和によって修練され、過去の遺産を誇りに思っている人たちなのです。そして、彼らは、この国が常に守り続けていて、今日、国内でも世界中でも私たちが守り続けている人権が、徐々におかされることを傍観したり、黙視したりすることはできないのです。

　私たちに好意を持つと悪意を持つとにかかわらず、す

57

べての国に知らしめようではありませんか。私たちがあらゆる犠牲を払い、あらゆる重荷を背負い、あらゆる困難に立ち向かい、あらゆる友人に手を差し伸べ、あらゆる敵と対峙(たいじ)して、自由が生き残り、自由が勝つことを確実にするということを。

【語注】
man 人類、in...hands その手のうちに、abolish 〜を根絶する、all...poverty あらゆる形の貧困、revolutionary belief 革命［注：アメリカの「独立戦争（American War of Independence, 1775-1783）」のこと］の信念、forebears 先祖、still at issue 問題とされて、come...God 国家の寛大さから生まれたのではなく、神の御手によって授けられる、dare...forget 忘れはしない、heirs 子孫、後継者、Let...forth 次の言葉を広めよう、to...alike 友にも敵にも等しく、torch 松明、tempered by war 戦争で鍛えられた、disciplined...peace 辛く厳しい平和によって修練され、unwilling...permit 〜を傍観したり黙視したりすることはできない、slow...rights これらの人権が徐々におかされること、has...committed 常に守り続けている、at home 米国内で、whether...ill 私たちに好意を持つと悪意を持つとにかかわらず、shall...price あらゆる犠牲を払う、bear...burden あらゆる重荷を背負い、meet...hardship あらゆる困難に立ち向かう、assure 〜を確実にする

第3章 ジョン・F・ケネディ

【発音注】
poverty［パヴァティ］、heirs［エァズ］、foe［フォウ］、committed［カミティッドゥ］、bear［ベァ］

名演説の中の名台詞（3）

We dare not forget today that we are the heirs of that first revolution.
「今日、私たちは、最初の革命の後継者であることを忘れはしません」

【解説】
　アメリカ人にとって、「最初の革命」とは、1775年から1783年までの「独立戦争」のことを指します。独立戦争とは、簡単に言うと、アメリカ人が、特に東部沿岸のイギリス領である13の植民地の人々が、イギリスからの独立を目標に掲げて戦った戦争のことです。アメリカは、1776年7月4日に「独立宣言（The Declaration of Independence）」を発布し、アメリカ合衆国を設立。フランスの援助を得て、戦争に勝利することになったのは1783年のことでした。したがって、この出来事は、アメリカの国家樹立の基盤となる歴史的事象なのです。すなわち、アメリカ人が忘れることなどできない出来事というわけです。
　この独立宣言の署名式の様子は、2ドル札紙幣の裏

に描かれていることからも、アメリカ人にとって、この革命がいかに重要な歴史的事件であるかがわかるでしょう。

2ドル紙幣の裏面

✓英語力向上の極意

極意（1）　ドラマチックな英語にするテクニック

ケネディ大統領は、20世紀屈指の名演説家との呼び声が高く、アメリカ国民のみならず、世界中の多くの人を魅了してきました。

その理由の1つとして挙げられるのは、「**文章を短く区切り、ドラマチックにメッセージを伝える**」という手法を用いたことです。これによって、聴衆は考える時間が十分に与えられるので、内容を理解する時間が多くできるというわけです。

例えば下線部①では、Let every nation know, / whether it wishes us / well or ill, / that we shall pay any price, / bear any burden, / meet any hardship, / support any friend, /oppose any foe / to assure the survival / and the success of liberty. といった具合に区切りを入れて演説しています。

60

第3章　ジョン・F・ケネディ

　ここからわかる通り、**区切り**（pause）が、かなり短い3〜6語の間隔で入れられていることがわかります。実際に音声を聞いて確認してみましょう。とても勉強になりますので、おすすめします。

　音声は、John F. Kennedy Presidential Library and Museumのホームページから、JFK → Historic Speechesと進むと、英文のテキストとともに音声を聞くことができます。

URL:http://www.jfklibrary.org/Asset-Viewer/BqXIEM-9F4024ntFl7SVAjA.aspx

　この短い間隔で区切りを入れるという手法は、先にも書きましたが、聞き手にとっては、内容を理解する時間や考える時間を多く与えることにつながり、その結果として、**聴衆との共感と一体感を生みやすい**のです。

　日本人英語学習者の中には、「英語を区切りなくよどみなく話すこと＝流 暢（りゅうちょう）」と捉える人もいますが、これは常に正しいとは限らないことがわかります。つまり、「話すスタイル（例えば、演説と普段の会話など）」によって、区切りの入れ方が変わってくるというわけです。

　区切りの入れ方とともに、この部分のリズムが良い理由は、ここで「**対句法（parallelism）**」といって、同種の構造（この演説では、動詞＋any＋名詞）でそろえて、バランスを取るという修辞法を使っていることです。

極意（2） ボディ・ランゲージは多くを語る

映像を見ると、強調する部分では、ケネディが軽く握ったこぶしを下ろすようにして、**リズムをとっている**ことがわかります。このリズムを取ることによって、**テンポよく話せたり、強調が容易になったりする**という利点があります。

日本人は文化的背景から、「ボディ・ランゲージ（body language）」を使う頻度が欧米人と比べるとかなり少ないので、演説などする時も、直立不動だったり、紙を見ながらだったりする光景を目にします。

しかし、欧米人の演説の名手は、自然で力強いボディ・ランゲージを使っています。昨今の日本では、欧米流の演説の価値を積極的に取り入れていますので、ぜひ名演説で使用されているような自然で力強いボディ・ランゲージを学習したいものです。

そのためには、映像を見ながらの学習が効果的です。自然な発話の際には、ボディ・ランゲージは重要な要素であるにもかかわらず、それを学ぶのはなかなか難しいものです。

同時に、ケネディはボディ・ランゲージを適切に行なうことによって、若さ、リーダーシップ、信念の強さと決意の固さを聴衆に印象づけることに成功しているのです。

第3章 ジョン・F・ケネディ

例	日本	欧米
数字の数え方	手のひらを内側に向けて、親指から中に折るようにして数えます。	グーの状態から、小指（または親指）を上げながら数えていきます。または手を握り、人差し指から数えてゆき、最後に親指を上げます。
手招きの仕方	掌を下にして、親指以外の4本をそろえて、手を上下させます。	掌を上に向け、親指以外の4本で、または人差し指を前後に動かします。
幸運を祈る	なし	チョキの状態から、中指を人差し指の上に絡めます。これは、キリスト教の十字を示していることに由来します。
指で円を作る	親指と人差し指で○を作り、掌を上に向けた場合、「お金」を示します。	親指と人差し指で○を作り、残りの指は立てます。それを顔の横や、胸の前などで作ると、「オッケー」を示します。

☞極意を使う (3) ボディ・ランゲージを学ぶ

ここでは、いくつか日本人でも使える「ボディ・ランゲージ」を紹介しましょう。

ところで、この「ボディ・ランゲージ」とは、言葉以外の「ノンバーバル・コミュニケーション (non-verbal communication)」の中の動作記号体系の一般的な呼称のことを指します。

一般に、「ボディ・ランゲージ」は、メッセージを補強するため、または緩和するために使われたり、感情的要素を添えたりする際に使われます。または、時として同属の集合体の中での隠語として使われたり、連帯感や親密感を表わす時に使われたりします。

したがって、「ボディ・ランゲージ」は文化などさまざまな要因によって異なるのです。前ページの表は、日本と欧米のボディ・ランゲージで顕著に異なる代表的なものをいくつか列挙しました。

一般的に、欧米人の「ボディ・ランゲージ」は、日本人のそれよりも、身振りが大きいと言われます。臆せず、大きな身振りを使ってコミュニケーションにチャレンジしてみましょう。

Part 2

以下は、半世紀以上が経過した今も語り継がれる最も有名なフレーズを含む箇所からの引用です。

第3章　ジョン・F・ケネディ

In the long history of the world, only a few generations have been granted the role of defending freedom in its hour of maximum danger. I do not shrink from this responsibility — I welcome it. I do not believe that any of us would exchange places with any other people or any other generation. The energy, the faith, the devotion which we bring to this endeavor will light our country and all who serve it — and the glow from that fire can truly light the world.

And so, my fellow Americans: ① ask not what your country can do for you — ask what you can do for your country.

My fellow citizens of the world: ask not what America will do for you, but what together we can do for the freedom of man.

Finally, whether you are citizens of America or citizens of the world, ask of us here the same high standards of strength and sacrifice which we ask of you. With a good conscience our only sure reward, with history the final judge of our deeds, let us go forth to lead the land we love, asking His blessing and His help, but knowing that here on earth God's work must truly be our own.

引用元　John F. Kennedy Presidential Library and Museum

【全訳】

　世界の長い歴史の中で、自由の最大の危機において、自由を守る役割を授(さず)けられた世代はわずかしかいないのです。私はこの責任に縮み上がることはしません。むしろ、私はそれを歓迎します。私は、皆さんの中に、他の国民や他の世代に代わってもらいたいと考える人はいないと信じます。こうした努力に私たちがかける精力と信念と献身は、私たちの国とその国に仕(つか)えるすべての人を照らすでしょう。そして、その炎から出る光は世界を偽(いつわ)りなく照らすでしょう。

　ですから、米国国民の皆さん、皆さんの国が、何をしてくれるかを問うのはやめようではありませんか。それよりも、皆さんがこの国に何ができるのかを問いましょう。

　全世界の皆さん、アメリカが皆さんに何ができるのかを問うのはやめようではありませんか。それよりも、ともに人類の自由のために何ができるのかを問いましょう。

第３章　ジョン・F・ケネディ

　最後に、アメリカ国民であるか否かにかかわらず、皆さんに求めるのと同じくらい高い基準の強さと犠牲を、私たちにも求めていただきたいのです。善意を私たちの唯一の報奨とし、歴史を私たちの行為の最終の審判者として、神の祝福とご加護を求めながらも、この地上において神の御業(みわざ)はまさに私たち自身の営みとしてなされなければならないことを自覚して、私たちが愛するこの国を導き、前進しようではありませんか。

【語注】
only...freedom 自由を守る役割を授けられた世代はわずかしかいない、in...danger 自由の最大の危機において、exchange...generation 他の国民や他の世代に代わってもらう、energy...endeavor こうした努力に私たちがかける精力と信念と献身、serve 仕える、my...Americans 米国国民の皆さん、ask of 〜に要求する、same...sacrifice 同じくらい高い基準の強さと犠牲、With...reward 善意を私たちの唯一の報奨とし、with...deeds 歴史を私たちの行為の最終の審判者として、go forth 前進する、His...help 神の祝福とご加護、but...own この地上において神の御業はまさに私たち自身の営みとしてなされなければならないことを自覚している

【発音注】
danger［デインジャ］、devotion［ディヴォウシュン］、en-

67

deavor［インデヴァ］、citizen［シティズン］、reward［リウォードゥ］

✓ 英語力向上の極意
極意（3）　聴衆の心をつかむ話し方とは

　この演説の核となる下線部① ask not what your country can do for you... の部分が、なぜ聴衆の心をつかんだのでしょうか。大きな要因の1つとして、「**強調する箇所は、力強く声を張る**」という基本点なテクニックが存分に生かされていたことが挙げられます。

　本章の「英語向上の極意（1）」で言及した「**文章を短く区切り、ドラマチックにメッセージを伝える**」という手法を基に、簡潔ながらも感情に訴える構成によって、強いリーダーシップを演出しているのです。

　では、下の英文を見てみましょう。／（スラッシュ）は「**区切り**」を、太字は「**強調**」をそれぞれ表わしています。下線は「さらに強調して読む」ことを示します。ケネディ大統領は以下のように区切りを入れ、強調して読んでいます。

　以上の点を意識しながら、実際に音読練習をしてみることをおすすめします。

And so, my **fellow Americans** /: ask <u>**not**</u> / what your **country** can do for <u>**you**</u> / ― ask what <u>**you**</u> can do for your **country**. /

My fellow citizens of the world /: ask <u>not</u> / what America will do for you, / but what <u>together</u> we can do / for the freedom of man. /

　このテクニックは、リーダーシップを言葉で表現する際に、非常に有効な手段なので、読者の皆さんが実際のプレゼンテーションやスピーチをする際に、ぜひ活用していただきたいポイントです。

極意 (4)　強調すべき単語の選び方
　前述の「英語力向上の極意 (3)」の例からわかるように、通例、強調する単語は名詞や動詞といった「**内容語が中心**」ですが、この演説では、「**否定語の not と you**」に特に強勢（ストレス）を置いています。

　not を強調するのは否定を明確にするためなので当然ですが、you を強めることによって、聴衆に「**当事者意識を持たせる効果**」があり、その効果を利用しているというわけです。

　このテクニックを用いることによって、話し手と聴衆の間の心理的な距離を縮めることができるのです。

☞ 極意を使う (4)　強調する箇所で意味が異なる
　では、上記の「英語力向上の極意 (3)・(4)」の他には、どのような語を強調すれば良いのでしょうか。それ

は文意によって異なることを学びましょう。以下の単純な英文において、強調する箇所、つまり、**強勢（ストレス）**が置かれる場所によって話者の意図する意味がそれぞれに異なります。強勢は、一般的には「アクセント」と呼ばれます。

それでは、それぞれのケースを比べながら、強勢と文意の関係を見てゆきましょう。

（例文）
I know Dr. Jones.（私はジョーンズ博士を知っています）

■ケース1
①<u>I</u> know Dr. Jones.
（解説）Iに強勢が置かれる場合には、「私は知っているけれど、あなた（彼、彼女）はジョーンズ博士を知らないでしょう」とか「君じゃなく、僕が知り合いだよ」といった意味合いとなります。したがって、「自分」に重きを置いて話している時に、Iに強勢が置かれます。

■ケース2
I ②<u>**know**</u> Dr. Jones.
（解説）knowに強勢が置かれる場合は、<u>Did you know</u> Dr. Jones? という過去形を使用した質問に対して、現在「知っている」ことを強調する際や、Are

you a friend of Dr. Jones?（ジョーンズ博士のお友達ですか）といった質問に対して、ただ「知っている」という事実を述べる時などです。

■ケース3
I know ③ <u>Dr.</u> Jones.
（解説）　Dr. に強勢が置かれる場合は、Do you know <u>Mr.</u> Jones? や Do you know <u>Ms.</u> Jones? といった質問に対して、「ジョーンズ博士のほうならば知っている」という場合や、ジョーンズさんは「博士号を持っている」あるいは「医者である」ということをあえて示唆したい場合に使われます。ところで、Dr. は2音節語ですので、正確には、最も大きな強勢は第1音節に来ます。2音節以上の語の場合には、語全体というよりも、強勢が置かれる音節が、最も強くなるのです。

■ケース4
I know Dr. ④ <u>Jones.</u>
（解説）　一般的に「ジョーンズ博士を知っている」という場合には、Jones に強勢を置きます。これは、英語に見られる「最後に来る内容語（名詞、動詞、形容詞など）に最大の強勢が置かれることが多い」というルールにのっとっています。もちろん例外も多くありますので、その場合には、このルールの限りでは

ありません。

このように、強勢が置かれる語によって文意が大きく異なりますので、自分の意図する意味にあうように正しく強勢を置くことが求められます。

極意（5）　演説は短く

スピーチライターのセオドア・C・ソレンセンは、自著『ケネディの道』の中で、リンカーンのゲティスバーグ演説を研究し、その結果、1音節語で済ませられるところでは、2音節語以上の語は用いず、一語で間に合うところでは、二語以上の語は用いていないといった特徴を発見し、それを応用したことが書かれています。

その結果として、歴代の大統領の中でも、15分ほどというかなり短い就任演説となったのです。さらに単語数の面からも、初代大統領ワシントン（George Washington, 1732-1799）の2度目の就任演説（135語）、第32代大統領ルーズベルト（Franklin Delano Roosevelt, 1882-1945）の4度目の就任演説（559語）、第16代大統領リンカーンの2度目の就任演説（698語）、第12代大統領テイラー（Zachary Taylor, 1784-1850）の（969語）に次いで5番目の短さと言えます。

これほどまでに短くできたのは、**推敲に推敲を重ねた結果**なのです。ソレンセンの書いた原稿を、ケネディ自身が短期間に30回ほど書き直し、手を加えたと言われ

るだけあり、無駄な言葉が見当たらないのです。

演説をするうえで、「短い」というのは、本来、非常に重要なことです。というのも、日本ではプレゼンテーションやスピーチをする際に、長々と行なってしまう傾向にあります。「社長の年始の挨拶は毎年長くて……」とか、「部長の結婚式でのスピーチが長かった……」という話はしばしば聞くものです。時として、長い＝熱心であると肯定的にとらえられることすらあります。

しかしながら、**短時間で要点をまとめ、的を射た演説**こそが、聴衆に影響を与えることができるのです。

このように、聴衆を自分の側に引き込むためのプレゼンテーションのお手本としても、このケネディの演説は最高の素材と言えるでしょう。

名演説の中の名台詞（4）

And so, my fellow Americans: ask not what your country can do for you — ask what you can do for your country.
「ですから、米国国民の皆さん、皆さんの国が、何をしてくれるかを問うのはやめようではありませんか。それよりも、皆さんがこの国に何ができるのかを問いましょう」

My fellow citizens of the world: ask not what

America will do for you, but what together we can do for the freedom of man.
「全世界の皆さん、アメリカが皆さんに何ができるのかを問うのはやめようではありませんか。それよりも、ともに人類の自由のために何ができるのかを問いましょう」

【解説】
　この部分は名台詞中の名台詞と言われ、アメリカ人のみならず、世界にも知られた一節です。ではなぜ、そのように表されるのでしょうか。
　まず、my fellow Americans や your country、for you など、聞き手に当事者意識を持たせるように2人称で話している点です。これは演説（スピーチ）を成功に導くテクニックの1つです。これによって、国民の気持ちを1つにまとめることができたのです。また、聴衆を鼓舞する際にも使えるテクニックです。
　次に、ここでは「**対照法（antithesis）**」と呼ばれる修辞法が使われている点も注目に値します。対照法とは、ブリタニカ国際大百科事典（2010）によると、「相反した事物や対立する事物を並べて、両者の対照的な状態を一層鮮明にし強調する修辞法」との説明がありますが、この部分では、見事にその対照法（より正確には、交互に対句を並べる「交差対句法（chiasmus）」）が使われています。

> この手法は、チャーチル元英国首相（Sir Winston Leonard Spencer-Churchill, 1874-1965）など著名な政治家によって度々用いられ、対照することによって強調したい部分を際立たせ、メッセージを聴衆の記憶に残す効果が期待できるのです。
>
> ちなみに、チャーチルはケネディにとって英雄だった人物です。

3.3. 名演説の裏話「ケネディが国民に支持された理由」

ケネディは、アイルランド系移民で、裕福な家庭に生まれます。父ジョセフ・パトリック（Joseph Patrick Kennedy, 1888-1969）は、もともと裕福な一族出身であった上に、金融業で莫大な財産を築き、外交官、政治家としても活躍した人物です。

こうした家柄の良さに加え、若さとハンサムな顔立ちに、180cm 以上の長身、スポーツ万能で、ハーバード大学を優秀な成績で卒業し、ジャクリーンという美しい妻を持つという「アメリカン・ドリーム」を体現したようなケネディに注目が集まったことは、当然の成り行きでしょう。現在でも、アメリカのみならず、日本でもケネディやジャクリーンが新聞や雑誌の話題に取り上げられ、特集が組まれるくらいです。

上記に加え、第2次世界大戦では、ソロモン沖海戦で乗っていたボートが日本の駆逐艦に追突、沈没して、その乗組員は海に投げ出されたのですが、怪我した兵士

を引っ張って、凍てつくような海を3マイルも泳いで助けたことで、戦争の英雄にもなりました。また、『勇気ある人々（Profiles in Courage）』という自伝を書けば、ピューリッツァー賞［注：報道、文学や作曲に与えられるアメリカで最も権威のある賞］を受賞します。その上、政治家としては、最終的には大統領にまで上り詰めたのです。

生来の恵まれた環境やその後の努力に加え、何より、**時代を読む感覚**に優れていたことを見過ごすことはできません。

その一例を上げましょう。アメリカでは1941年から白黒のテレビ放送が開始され、1960年にケネディと、アイゼンハワー政権で8年間副大統領を務めた強敵リチャード・ニクソン（Richard Milhous Nixon, 1913-1994、第37代アメリカ合衆国大統領）との討論会がテレビで放

ケネディとニクソンのテレビ討論会の模様
(写真：UPI＝共同)

映されました。この試みは、大統領候補者の討論としては初めてだったわけですが、テレビ映りを意識して紺色のダークスーツに自然なメーキャップを施したケネディと、壁の色と同化したグレーのスーツに厚化粧を施して顔色が悪く映ったニクソンとでは、見た目の違いの差が歴然としていました。実際に、ニクソンは病み上がりでしたが、その事実を知らない視聴者に対して、「ニクソンはプレッシャーに弱い」というネガティブな印象を与えてしまったのでした。

それまでの政治家は、テレビが登場して間もなかったことから、テレビ映りやテレビの影響力を考えることはあまりなかったようです。このような例を見ても、ケネディは時代感覚に優れた人であることがわかります。

加えて、**弱みを力にできる人**でもありました。ケネディの最大の弱点は、カトリック信者であったことです。というのも、歴史的にアメリカ国民は、プロテスタントが多数派だからです。

しかし、政敵からその点を指摘された時、ケネディはそれに対して言い訳をせずに素直に認めました。その姿が国民をひきつけ、ケネディは「正直で誠実である」という印象を与えて、弱みを力に変えたという経緯があります。結果として、カトリック教徒として初めてアメリカ大統領に選ばれた人物となりました。とはいえ、実際には投票日には490万人が宗教上の理由から、ニクソンについたと言われています。

2つ目の弱みは、もともとケネディは演説が得意であったわけではないことでした。たとえば、1946年の選挙演説では口ごもるなど演説に滑らかさがなかったというスタッフの証言や、1958年頃に至っても演説に関しては誰もががっかりしたといった補佐官の証言があります（注1）。また、東部訛り（ボストン訛り）が強いことを批判する人もいました。

　このように、ケネディはもともと演説上手ではなかったのですが、訓練と努力でそれを強みにし、21世紀の現在でもカリスマ的な人気を博している巧みな演説者に成長したのでした。このことからも、弱みを強みに変える力を持っていたことがわかります。

　実際に大統領選については、以下のようなエピソードが、フォトジャーナリストであるジャック・ロウの『フォト・メモワールケネディ回想録』（2013：132）で紹介されています。

　　「ジャック［注：ケネディの愛称］がしゃべっているあいだ、聴衆がうんともすんとも言わないこともあった。嫌っているからではなくて、敬意に近いものがあったからだ」

　この発言からも、ケネディはカリスマ性のある演説家にまで成長したことが窺えます。

注1　バーンズ（2001）

こうしたさまざまな要因が、アメリカ国民のみならず、全世界の人々をひきつけたのでしょう。

第4章
バラク・オバマ
——大統領就任演説

　バラク・オバマ（Barack Hussein Obama, II 1961-）が2009年1月20日に第44代アメリカ合衆国大統領に就任した際の演説（Inaugural Address）をこの章では扱います。この模様は、世界中で生中継されたため、多くの人々の記憶に残っている演説ではないでしょうか。

　幸いなことに、アメリカのホワイトハウスのホームページや動画サイトで、実際の演説の模様を見ることができるので、学習の際には動画を活用すると効果的です。

4.1. オバマの生い立ちと演説の背景

　オバマはハワイ州出身で、アフリカ系（黒人）初の米大統領であることは、よく知られています。それでは、少し詳しい生い立ちを見てみましょう。

第4章　バラク・オバマ

　オバマは、ハワイ大学で知り合ったケニア出身のバラク・オバマ・シニア（Barack Hussein Obama, Sr., 1936-1982）とカンザス州出身でのちに人類学者となるアン・ダナム（Ann Dunham, 1942-1995）との間に生まれますが、両親はオバマが幼少のころに離婚します。

　母は、その後、のちに地質学者となるインドネシア出身のロロ・ソエトロ（Lolo Soetoro, 1935-1987）と再婚したため、義父の母国であるインドネシアのジャカルタに家族で移住します。しかし、再びオバマは母方の祖父母がいるハワイに戻り、そこで高校時代を送るのです。

　コロンビア大学を卒業後、シカゴ南部の貧民街で地域活動家を経験します。1988年にハーバード大学法科大学院に進み、1990年にアフリカ系として初めて法律専門誌「ハーバード・ロー・レビュー」の編集長に就くなど、社会での活躍が目立つようになります。

　1997年からイリノイ州議会上院議員を務めます。2004年、民主党全国大会の基調演説で「ひとつのアメリカ」を訴えて全米の脚光を浴び、連邦上院議員になり、2007年1月には米大統領選への出馬を表明しました。

　そして、2008年11月4日、共和党のジョン・マケイン候補（John Sidney McCain III, 1936-）を破り、合衆国大統領に当選し、2009年1月20日、正式に大統領に就任します。このように、十余年という短い期間に上院議員から大統領にまで上り詰めたのです。

就任演説は、ワシントン D.C. の連邦議会議事堂 (United States Capitol) の西側正面で行なわれました。この一帯はナショナル・モール (National Mall) と呼ばれる広大な緑地公園になっていて、当日は 21 世紀にふさわしい若きニューヒーローの姿を一目見ようと、会場内外に約 200 万人の聴衆が集まったと言われています。聴衆の中には、この演説を聞き、感動の涙を流す人も少なくありませんでした。

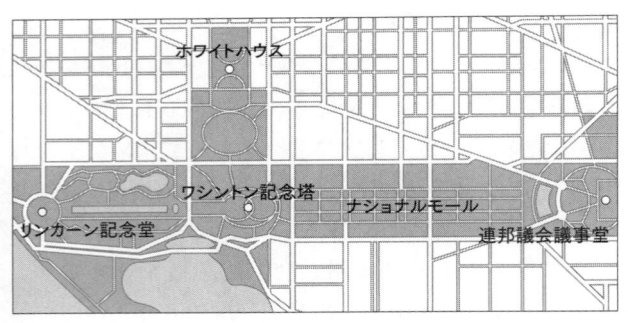

ナショナルモール

4.2. 演説から学ぶ

Part 1

以下の引用箇所は就任演説の前半部分で、米国民が現在直面している危機は必ず克服できることを力強く訴えています。

第4章　バラク・オバマ

Today I say to you that the challenges <u>we</u> face are real. They are serious and they are many. They will not be met easily or in a short span of time. But know this America: They will be met.

On this day, <u>we</u> gather because <u>we</u> have chosen hope over fear, unity of purpose over conflict and discord. On this day, <u>we</u> come to proclaim an end to the petty grievances and false promises, the recriminations and worn-out dogmas that for far too long have strangled our politics.

<u>We</u> remain a young nation. But in the words of Scripture, the time has come to set aside childish things. The time has come to reaffirm our enduring spirit; to choose our better history; to carry forward that precious gift, that noble idea passed on from generation to generation: the God-given promise that all are equal, all are free, and all deserve a chance to pursue their full measure of happiness.

In reaffirming the greatness of our nation <u>we</u> understand that greatness is never a given. It must be earned. Our journey has never been one of short-cuts or settling for less. It has not been the path for the faint-hearted, for those that prefer leisure over work, or seek only the pleasures of riches and fame. Rather, it has been the risk-takers, the doers, the makers of things — some celebrated, but more often men and women obscure in their labor — who have carried us up the long rugged path towards prosperity and freedom.

【全訳】

　今日、私が皆さんに申し上げたいのは、皆さんが直面している難題は現実にあるものなのだということです。その難題は深刻で、数多くあります。そして、それは簡単に、そして短期間で解決することができるような問題ではありません。しかし、アメリカの皆さんには知ってもらいたいのです。それらの難題は解決できるのだということを。

　今日この日に、私たちが集まったのは、私たちは恐れでなく希望を選択し、対立と不和でなく目的における一致を選んだからです。今日この日に、私たちがここに来たのは、あまりにも長い間、私たちの政治を押さえつけてきた些細な不満や偽りの約束、非難の応酬、古臭い独断的な主張への終わりを宣言するためです。

　私たちは、いまなお若い国家です。しかし、聖書の言

葉にあるように、子供じみた未熟さを退ける時がやってきたのです。私たちのゆるぎない精神を再確認する時がやってきたのです。より良い歴史を選択する時がやってきたのです。これまで脈々と受け継がれてきたかけがえのない贈り物、すなわち高貴な理想を世代から世代へと伝えていく時がやってきたのです。そしてそれは、万人が平等で、万人が自由で、万人が最大限に幸福を追求することができてしかるべきだという神に与えられた約束のことなのです。

　私たちの国の偉大さを再確認する際に、偉大さは決して初めから与えられるものではないということを私たちは理解しています。それらは自分たちで努力して得るべきなのです。私たちの旅は、近道でもなければ、満足できない結果に妥協してきたわけでもありません。そして、働くことよりも休むことを選んだり、富や名声という喜びだけを求めるような臆病な人の道でもなかったのです。むしろ、それは危険を恐れぬ人であり、事を為す人であり、ものを作っていく人たちの道なのです。彼らの中には賞賛された人もいるでしょうが、より多くの場合、名もない人たちです。このような人たちが、繁栄と自由のために、長いいばらの道を歩んで、私たちを導いてくれたのです。

【語注】

challenges...real 直面している難題は現実にあるものです、not...time 短期間で解決できるような問題ではない、have...fear 恐れでなく希望を選択した、unity...discord 対立と不和でなく目的における一致（を選んだ）、petty...dogmas 些細な不満や偽りの約束、非難の応酬、古臭い独断的な主張、have strangled 〜を押さえつけてきた、Scripture 聖書、enduring spirit ゆるぎない精神、generation to generation 世代から世代へと、pursue...happiness 最大限に幸福を追求する、greatness...given 偉大さは決して初めから与えられるものではない、has...less 近道でもなければ、満足できない結果に妥協したわけでもない、the faint-hearted 臆病な人、the risk-takers...things 危険を恐れぬ人・事を為す人・ものを作っていく人、rugged path いばらの道

【発音注】

chosen［チョゥズン］、fear［フィア］、grievances［グリーヴンシズ］、false［フォルス］、childish［チャイルディッシュ］、leisure［リジャ］、doers［ドゥアズ］、women［ウィミン］、rugged［ラギッドゥ］

同時に、díscord、proclaím、recrimináitons、desérve、shórt-cuts、fáint-hearted、rísk-takers においては、「語強勢（アクセント）の位置」にも注意が必要です。

第4章 バラク・オバマ

引用元　The White House
URL:http://www.whitehouse.gov/blog/inaugural-address

> **名演説の中の名台詞 (5)**
>
> ...the God-given promise that all are equal, all are free, and all deserve a chance to pursue their full measure of happiness.
>
> 「万人が平等で、万人が自由で、万人が最大限に幸福を追求することができてしかるべきだという神に与えられた約束のことなのです」

【解説】

　この台詞では、第2章で紹介したリンカーン元大統領による "all men are created equal（すべての人間は平等に創られている）" と同等の概念が示されているのです。このことから、オバマは「元来のアメリカのあるべき姿を取り戻すこと」を意識していることが窺えます。

　また、この一節、特に "God-given promise（神に与えられた約束）" という語から、アメリカの民主主義的な概念が、キリスト教の精神と不可分であることが窺えます。

　次に、この部分を口に出してみるとわかるのですが、非常にテンポが良い一節であることがわかりま

87

> す。all are equal 〜のように all という語で始める文を3回繰り返して「対句法 (parallelism)」［注：第2章英語力向上の極意(3)を参照のこと］を使用することによって、リズム感のある文章になっています。
>
> その上、この「**繰り返し（repetition）の技巧**」を使うことによって、人の記憶に残りやすくするという効果が期待できるのです。したがって、聞き手の記憶に残したい場合、重要な内容やキーワードは繰り返すことが有効です。

✓ 英語力向上の極意

極意 (1) 声の出し方を学ぶ

映像を見れば明らかですが、オバマは**生き生きと力強く聴衆に語りかけています**。この模様を撮影した写真は世界中に数多くありますが、その写真はどれもリーダー然とした凜とした姿です。中には、時折見せる笑顔に添えられた白い歯が印象的な写真も多数あります。写真では音声を表わすことはできませんが、その躍動感を十分に伝えています。

オバマのように力強く話せたとしたら、人々を説得できるだけでなく、魅了することすらできるのですから、彼のように話したいと願う人は多いかもしれません。

そのためには、何より**声をしっかりと聴衆に届ける必要があります**。声にのせて、聞き手や相手にメッセージを十分に伝えられることは、グローバルな時代である現

笑顔で演説するオバマ大統領 (写真：ロイター＝共同)

代において、プライベートでもビジネスでも「必須のスキル」と言えるでしょう。

英語の演説を声に出して読む際に、特に大切なのは、横隔膜の上下運動によって呼吸する「**腹式呼吸**」を意識することです。これが身につくと、声がしっかりと出せるので、聴衆は聞きやすくなります。

簡単な練習方法として仰向けに寝ながら、上記の引用箇所を音読してみましょう。基本的に、人間は寝ている時には腹式呼吸をしているものです。

日本人の場合、一般に、欧米人に比べて体が小さく、胸式呼吸で浅く呼吸をしている場合があるので、注意が必要です。

極意（2） I ではなく we を使用する

オバマの演説の特徴の1つは we を**多用している**点です。一人称単数形の I を使った場合、利点としては、リ

ーダーシップを示せますが、難点としては、独善的で高圧的な印象を与えることがあるのです。

また、二人称単数形のyouを使うと、利点としては、聴衆に対して直接的に語りかけるので相手の気持ちを動かす際には効果的ですが、難点としては、押しつけがましい印象を与えることがあります。ケネディは、逆にyouを使うことによって強いリーダーシップを示しました。詳しくは、第3章「英語力向上の極意(4)」を参照ください。

しかし、Iやyouではなく、weを使うことによって、聴衆の**当事者意識**が芽生えやすくなりますし、話者と聴衆の一体感が生まれるのです。これを検証するために、以下の文を比較してみましょう。以下の発言を、政治家が行なったと仮定してみます。

(例文)

(a) **You** have to solve that issue. (**君が**あの問題を解決すべきだ)

(b) **We** have to solve that issue. (**私たちが**あの問題を解決すべきだ)

もちろん、声の調子、会話の前後関係、話し手と聞き手との関係などによっても異なりますが、一般に、(a) は聞き手に対して一方的な問題解決を押し付けている印象を与えかねませんが、(b) では「ともに解決する」と

第4章 バラク・オバマ

いった意味合いとなり、聴衆との**一体感と共感、聴衆の当事者意識**を生むことができるのです。こういった点で、発話において we を使用することの意義は大きいのです。

例えば、本文では、以下の文において、we が使われていますので、その部分だけを抜粋してみましょう。本文では下線で印をつけてあります。

- Today I say to you that the challenges <u>we</u> face are real.
- On this day, <u>we</u> gather because <u>we</u> have chosen hope over fear, unity of purpose over conflict and discord.
- On this day, <u>we</u> come to proclaim an end to the petty grievances and false promises, ...
- <u>We</u> remain a young nation.
- In reaffirming the greatness of our nation <u>we</u> understand that greatness is never a given.

実際にオバマは、この就任演説において、62回も we を多用しています（注1）。また、we の目的格である us や所有格の our を加えるとその数は膨大なものになるのです。

このように、課題や難題に直面しなくてはならない状

注1　東（2009）

況下で、人を鼓舞する際や、一体感を演出したい場合には、一人称複数形の we を使用すると効果的なのです。

☞ 極意を使う (5) we を使って一体感を演出する

前述の「英語力向上の極意 (2)」のとおり、we を使うことによって聴衆との一体感を演出することができるのですが、実際に、以下のような場面で、次の表現を使ってみましょう。

■場面設定 (1) プロジェクトを推進する際に
We should work together to drive this project.（このプロジェクトを推進するためにいっしょに取り組みましょう）
→ポイント🖋 we を使うことによって、連帯感を生み出すことに成功しています。一方で、ここで you を使うと、場合によっては「責任を転嫁している」、または「命令口調」となりますので、一方的な印象を与えます。

■場面設定 (2) 問題が発生した際に
We are trying hard to find the best solution for both of our companies.（双方の会社にとって最高の解決策を探しています）
→ポイント🖋 I am trying 〜とすると、「自分のみ」が行動していることになるため、ともすると、「独りよがりな印象」を与えることがあります。また、場合によっては、「自分自身の責任回避の手段」として、we を使う

こともできるというわけです。

■**場面設定（3）　ウェルカムレセプションなどでお客様をお迎えする際に**
We are delighted to welcome all of you.（皆様をお招きできて光栄です）
→**ポイント**✍　We are delighted ～とすると、「社員全員が」、「スタッフ全員が」という意味となり、組織の多くの人が好意的に迎えていることを伝えることができます。また同時に、会社や組織の連帯感を演出することができます。

Part 2

　以下の引用箇所は、演説の後半部分にあたり、中心テーマである「責任を取り戻すこと」が強く打ち出された部分です。映像を見ると、情熱的に語る姿が印象的な部分でもあります。最後に、「希望と美徳を携えて、困難をともに乗り切ろう」と民衆を鼓舞して演説を終わっている点に注目しましょう。

Our challenges may be new. / ① <u>The instruments with which we meet them / may be new.</u> / But those values upon which our success depends / — honesty / and hard work, / courage and fair play, / tolerance and curiosity, / loyalty and patriotism / — these things are old. / These things are true. / They have been the quiet force of progress throughout our history.

What is demanded, then, is a return / to these truths. / What is required of us now is a new era of responsibility / — a recognition on the part of every American / that we have duties to ourselves, our nation and the world; / duties that we do not grudgingly accept, but rather seize gladly, / firm in the knowledge / that there is nothing so satisfying to the spirit, / so defining of our character / than giving our all / to a difficult task.

② This / is the price and the promise of citizenship. / This / is the source of our confidence / — the knowledge that God calls on us to shape an uncertain destiny. / This / is the meaning of our liberty and our creed, why / men and women and children of every race and every faith / can join in celebration across this magnificent mall; / and why a man whose father less than 60 years ago / might not have been served in a local restaurant / can now stand before you / to take a most sacred oath. /

第4章　バラク・オバマ

【全訳】

　私たちの試練は新しいのかもしれません。試練に取り組むための手段もまた新しいのかもしれません。しかし、私たちの成功を左右する価値観、すなわち正直さ、勤勉さ、勇気、公正、寛容さ、好奇心、忠誠心、愛国心といったものは、古くからあるものです。これらは本当に存在するものなのです。そういった価値観は、私たちの歴史を通して、進歩への静かな力となってきました。

　そこで必要とされるのは、そのような本物の価値観に立ち返ることなのです。現在、私たちに求められているものは、新たな責任の時代です。つまり、すべてのアメリカ人が、自分自身、国家、世界に対して義務を負っているという認識です。その義務は、いやいや引き受けるのではなく、喜んで獲得するものなのです。そして、難題に立ち向かうために全身全霊をこめることは、これほど精神を満足させ、私たちの気質を決定づけるものはほかにないということを自覚することなのです。

　これが一国の国民であることの代価と約束なのです。これが私たちの自信の源なのです。つまり、神が私たちに不確かな運命を自らが形作るように求めているという自覚なのです。これが私たちの自由と信条の意義なのです。これによって、あらゆる人種やあらゆる信仰を持つ男性、女性、子供が、この壮大なモールに集い、ともに

祝うことができるのです。そして、これによって60年足らず前ならその父親が地元の食堂に入れてもらえなかったかもしれない男が、皆さんの前に立って、この上なく神聖な誓いを立てることができるのです。

【語注】

instruments...them 試練に取り組むための手段、values...depends 私たちの成功を左右する価値観、tolerance...patriotism 寛容さ・好奇心・忠誠心・愛国心、quiet...progress 進歩への静かな力、recognition（後出の that 以下のことの）認識、not...gladly いやいや引き受けるのではなく、喜んで獲得する（＝義務）、there...spirit これほど精神を満足させるものはほかにない、than...task 難題に立ち向かうために全身全霊をこめることをおいて（ほかにはない）、price...citizenship 一国の国民であることの代価と約束、uncertain destiny 不確かな運命、creed 信条、faith 信仰、mall モール［注：就任式が行なわれている The National Mall のこと］、man...restaurant 60年足らず前ならその父親が地元の食堂に入れてもらえなかったかもしれない男（＝オバマ自身のこと）、take...oath この上なく神聖な誓い（＝大統領就任の宣誓）を立てる

【発音注】

instruments［インストゥルムンツ］、courage［ク(カ)ーリ

第4章　バラク・オバマ

ッジ]、tolerance［トレルンス］、curiosity［キュリオシティ］、patriotism［ペィチュリアティズム］、required［リクワィアッドゥ］、grudgingly［グラッジングリ］、seize［シーズ］、magnificent［マグニフィスントゥ］、sacred［セィクリドゥ］

引用元：The White House
URL:http://www.whitehouse.gov/blog/inaugural-address

名演説の中の名台詞（6）

What is required of us now is a new era of responsibility —— a recognition on the part of every American that we have duties to ourselves, our nation and the world;
「現在、私たちに求められているものは、新たな責任の時代です。つまり、すべてのアメリカ人が、自分自身、国家、世界に対して義務を負っているという認識です」

【解説】
　米国史上初の「黒人大統領」の誕生ということで、アメリカ国民が沸き立つ最中での就任演説となりましたが、オバマ自身は、比較的冷静に（聴衆には少なくともそういった印象を与えていました）、淡々と、時には情

熱的に語っていた姿が人々の心に残った演説でした。

その中で、オバマは今後、アメリカ国民が引き受けてゆくべき「責任(responsibility)の重要性」について語りました。この就任演説が行なわれた翌日、多くの紙面やニュースにおいて、この言葉が躍ったことは人々の記憶に新しいことでしょう。

この「責任の重要性」については、ケネディ[注：第3章 Part 2を参照]も言及しているところですが、この「責任」という言葉は、アメリカという国家を表わす際に重要なキーワードとなります。

どういうことかというと、「幸福に生きたければ、アメリカン・ドリーム(*)を体現したければ、責任を全うし、義務を負うことが求められる」という国家樹立以来のアメリカ人の思想の根本にある概念だからです。

ここでの「責任」という言葉の使用は、アメリカ国家の根幹をなす概念を再度思い起こさせようとするオバマの強い意志と意図を感じます。

*アメリカン・ドリームとは、「第3章 名演説中の名台詞(3)」で言及した「独立宣言(the Declaration of Independence)」にある通り、基本的権利の1つである「幸福追求の権利」を活かして、社会で活躍することを言います。「独立宣言」に記載されている基本的権利には、「幸福追求の権利」のほかに、「生命(life)」、「自由(liberty)」があり

> ます。

✓ 英語力向上の極意
極意（3）　区切りを入れながら読む

　英語力強化のためには、速読も有効な手段の1つと言われています。その訓練として、「**スラッシュ読み**」といって、文章の区切りのところに「／（スラッシュ）」を入れながら読む方法があります。読んだところまでを振り返ることなく、理解していくというこの訓練法は、英語力強化に効果的であることが知られています。

　次に、Part 2の文章には、実際にオバマが入れた「**区切り（pause）**」の通りに「／（スラッシュ）」を入れてありますので、音読練習にも応用できます。音読の際は、スラッシュのところで少し間を置いて、読んでみましょう。実際の演説でも、このPart 2はかなりゆっくり話している場面ですので、練習にも適している箇所です。ぜひ実際の映像でこの場面を確認してみましょう。

　また、「区切り」を入れることは、英語学習者の学習を促すというメリットがあるだけではありません。実際のプレゼンテーションでは、聞き手の理解をより促進し、メッセージを確実に伝える効果が期待できます。反対に演説で途切れることなく話されると、聞き取りにくく内容が頭に残らないのです。いくら話術の巧みな人でも、よどみなく話されると眠気を催してしまうというのは、万国共通なのではないでしょうか。

では、自分が英語を話す際には、どこで区切ればよいのでしょうか。

　特に区切りが必要になるのは、主に文末や「**句・節の切れ目**」に相当する部分です。例えば、下線部①は、関係代名詞節で修飾されている長い主語と、助動詞を含む動詞部分の間に区切りを入れています。こうすることで、主語と動詞が明確になるのです。

The instruments with which we meet them / may be new. /
　　　　関係代名詞節を含む主語　　　　　　　　　動詞

極意（4）　区切りで強調する

　さらに、区切りは、「**語句の強調**」を容易にします。例えば、下線部②では、主語と動詞の間に区切りを入れることで、This（困難な責務に立ち向かってゆくこと）を強調する効果を生んでいます。

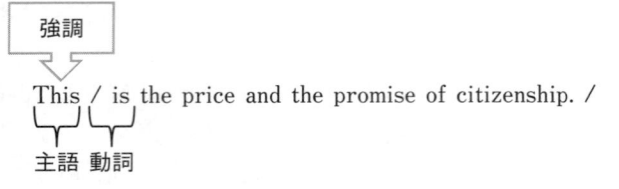

強調

This / is the price and the promise of citizenship. /
主語　動詞

　強調の方法は、第2章の「英語力向上の極意 (3)」で言及したように、「繰り返しの技巧」を使ったり、第3章の「英語力向上の極意 (3)」にあるように「声を張

る」ことを行なったりする方法がよく知られていますが、区切りによる強調も実際のプレゼンや発話などで活用したい技法です。

☞ 極意を使う（6）　区切りによって異なる意味
「区切り」は、多くのことを聞き手に伝えてくれます。

その一例として、「**文法的な用法**」を明示してくれることがあります。以下の文章を比べてみましょう。

（例文）

  I have three sisters who are teachers.
  I have three sisters, who are teachers.

この場合、上が**制限用法**で、「教師をしている3人の姉妹がいます（他の職業をしている姉妹がいるかもしれない）」という意味となり、下が**非制限用法**で、「私は3姉妹で、その全員が教師をしています」という意味になります。

テキストなど文字で書かれている場合には、上記の用法の違いは、カンマ（,）があるかないかで判断することができます。つまり、前者にはカンマはなく、後者にはカンマが存在します。

しかしこれが、音声のみの場合、どのように上記の用法の違いを判断すればよいでしょうか。その場合には、sistersのあとに「区切り」があるか否かで判断する必

要があります。

同時に、上記の相違は、「イントネーションの型の相違」にも表われます。

制限用法の場合には、ニュアンスによっても異なりますが、sisters の 'i' が最も強く、イントネーションのピークがこの部分に来て、そのままイントネーションが下がっていく、下降調のイントネーションがみられます。以下の文字に重ねた曲線は、イントネーションを表わしています。

I have three sisters who are teachers.

他方、非制限用法の場合には、sisters の 'i' に大きな強勢が置かれ、その直後の 't' あたりでイントネーションが下がり、sisters の後半 'ers' でイントネーションが上がります。つまり、下降上昇調のイントネーションがみられます。

I have three sisters, who are teachers.

このように、「区切り」は時として、**文法的機能**を表わすことがあります。

4.3. 名演説の裏話「新しい時代の到来のカギは多様性」

新しい世紀に入った 2001 年に、アメリカのドラマ

「24（トゥウェンティー・フォー）」が放映され、瞬く間に全世界の人気をさらったことは記憶に新しいのではないでしょうか。2014 年にも新シリーズが放送されましたので、その人気の高さが窺えます。

俳優キーファー・サザーランド（Kiefer Sutherland, 1966-）演じる捜査官ジャック・バウアーやその家族、同僚が、テロリストと戦っていくというあらすじのドラマでしたが、その中でアフリカ系アメリカ人初の大統領となったのが、俳優デニス・ヘイスバート（Dennis Haysbert, 1954-）演じるデイビッド・パーマーでした。

劇中では、2003 年から 2007 年まで大統領を一期務めるという設定になっていましたので、その後のオバマ大統領の出現を予見していたのかもしれません。いずれにせよ、このようにドラマ化されたわけですから、少なくとも、「新しいタイプの大統領」を待ち望む気運はアメリカにはあったわけです。

しかしながら、アメリカの歴史をひも解くと、実際にアフリカ系アメリカ人が大統領になる道のりは、極めて険しかったことがわかります。前章で紹介したケネディが大統領に就任する数年前の 1955 年という 20 世紀半ばでさえも、「ローザ・パークス事件」という人種差別事件がアメリカで起きているのです。

これは、当時 42 歳だったローザ・パークス（Rosa L. M. Parks, 1913-2005）という女性が、仕事の帰りに市営バスの中で、白人に席を譲ることを拒み、逮捕されたと

いう事件です。この事件は、のちに相次ぐアフリカ系アメリカ人の公民権運動の導火線となったことから、その名が知られています。

ローザ・パークス（写真：Newscom／アフロ）

この事件から、当時、バスの中には、白人席と黒人席があったことがわかります。また、本章で紹介しているオバマの演説 Part 2 の後半からも、レストランなど公共の場所で、席がわかれていたこともわかります。

1964年には「公民権法（Civil Rights Act）」が制定されたことに伴い、法的には人種差別が終わりを告げます。しかし、その後も、ことあるごとに人種差別問題が勃発することからも、アメリカにおいて、人々の意識の上では、完全に差別がなくなってはいないことを示して

います。

　こうした困難な状況において、オバマが大統領に就任することができたのは、オバマ自身が現代のアメリカを象徴する「**多様性（diversity）**」の体現者だからではないかと筆者は考えています。それまでのアメリカ合衆国大統領と言えば、WASP（White, Anglo-Saxon, Protestant　白人、アングロ＝サクソン、プロテスタント）であることが通例でした。ケネディのようにこの条件を満たしていない場合もありますが、ほとんどの大統領はWASPなのです。しかし、オバマはWASPではありませんが、「多様性」という強みを持っているのです。この強みである「多様性」は、オバマの生きてきた道程を観察すると深く理解できます。

　まず、民族的背景という観点では、オバマの両親は、父親がケニアのルオ族出身（いわゆる黒人）で、母親はカンザス州出身のアングロ＝サクソン（いわゆる白人）です。母方の先祖には、先住民であるチェロキー族の血が流れていると自伝（2007）の中で語っています。つまり、オバマは種々の異なった人種の血を受け継いでいるのです。

　加えて、宗教の点でも、オバマは多種多様な環境の下で育ったことが窺えます。例えば、2009年2月5日に全米朝食祈禱会（National Prayer Breakfast, 注：大統領や国会議員が出席する国際的な祈りの集いのこと）においてオバマ自身が言及したように、父親はイスラム教者と

して生まれますが、実際には無神論者に近かったと述べています。一方、母方はというと、母親の母親（オバマの祖母）は厳格なメソジストでしたが、母親本人は「無神論者である」と友人に語っています(注2)。これを裏付けるかのように、オバマは先の祈禱会で、母親は「組織化された宗教に懐疑的であった（...a mother who was skeptical of organized religion...)」と述べています。ただ、オバマは自分自身の宗教的な背景を「キリスト教者」であると述べています(注3)。このように宗教的にも、さまざまなルーツを持っているのです。

そして、居住地とそこで学んだ文化という点においても、多岐にわたります。幼少の頃、オバマの生物学上の両親は離婚します。ほどなくして、オバマの母親は、インドネシア出身の男性と再婚したため、義父の母国であるインドネシアのジャカルタで約4年間生活するのです。その中で、インドネシアの異文化に触れるという経験をします。

その後、オバマは、母の意向もあってハワイの高校に進学するため、母方の祖父母がいるハワイで生活することになります。ここでは、日系アメリカ人、中国系アメリカ人、フィリピン系アメリカ人に会い、さまざまな文化の融合、つまりアメリカの中でも独特な「人種のるつぼ（melting pot）」を真に体験するのでした。

注2　ベンデビット（2009）
注3　オバマ（2007）

このように高校までの生い立ちを見ても、オバマの「多様性」を理解することができます。こうした「多様性」を持つ新しいタイプの大統領にアメリカの未来がかかっています。

第Ⅱ部

世界を変えたリーダーによる演説

　第Ⅱ部では、アメリカ以外のリーダーによる名演説を紹介します。第5章では、サッチャー元英国首相による保守党大会での演説を、第6章では、マンデラ元南ア大統領による就任演説を、第7章では、ミャンマーの非暴力運動家のアウンサンスーチー氏がノーベル賞を受賞した際の演説を取り上げます。

第5章
マーガレット・サッチャー
——保守党大会での演説

　この章では、英国の元首相マーガレット・サッチャー (Baroness Margaret Hilda Thatcher, 1925-2013) の演説を取り上げます。サッチャーは英国初の女性首相（就任時期 1979-1990）として活躍したことは世界的に知られています。

　愛称は「マギー」ですが、その保守的で強固な政治理念から「**鉄の女** (the Iron Lady)」と呼ばれ、この異名がサッチャーの代名詞となりました。それを裏付けるかのように、サッチャーは控えめで謙虚な態度とは無縁で、攻撃的な手法を好みました。よって、敵や反感も多かったようです。しかし、それが逆に、「リーダーシップのある人」とのイメージを植え付けることに成功した感もあります。

5.1. サッチャーの生涯と演説の背景

　サッチャーは、1925年、イングランドの東部、ロンドンの北約160キロのところにあるリンカンシャー州グランサムで、食料雑貨店商を営む中流家庭に生まれます。父アルフレッド・ロバーツ（Alfred Roberts, 1892-1970）は同時にメソジスト教会の牧師でもあり、後に、グランサム市長を務めるなど、地元ではよく知られた存在でした。

　一方、母ベアトリス（Beatrice, 1917-1960）は、家庭的で家事をよくこなした人のようで、この気質がサッチャーにも受け継がれたのでしょう。サッチャーは、成人し、家庭を持った後、たとえ仕事が忙しくても、家事をぬかりなくこなしたという逸話が残っています。このようにサッチャーは、勤勉で働き者の両親の下、信仰と義務を重んじた家庭に育ちました。

　その後、知的なレディに成長したサッチャーは、イギリス屈指の名門オックスフォード大学（Oxford University）で化学を専攻します。在学中から、サッチャーは政治に興味を持っていました。

　卒業後はイングランド東部のマニングツリー（Manningtree）にあるBXプラスチックス（BX Plastics）に勤務、その後、ロンドンのハマースミス（Hammersmith）にあるJ・ライオンズ（J. Lyons & Co.）で科学研究員として働きながら、法律と税制を学びます。このころ、政治への情熱が収まらないサッチャーは保守党（the Conservative Party）支部に入会するのです。

　1951年には、デニス・サッチャー（Sir Denis Thatcher, 1915-2003）と結婚し、1953年には、息子マーク（Mark, 1953-）と娘キャロル（Carol, 1953-）という双子に恵まれます。サッチャーは回顧録の中で、結婚という決断に対して「あれから四十年以上たったいまも、『イエス』ということに決めたことは、私のこれまでした決心のうちで最上のものの一つだったといえる」（『サッチャー回顧録』［上］1993:102）と述べたり、デニスの死後はその死を非常に悲しんだという逸話があったりすることから、夫婦仲はたいへんに良かったことが窺えます。

　1953年には弁護士資格を取得、1959年に下院議員に初当選し、年金・国民保険省政務次官、教育科学相など

首相就任時に首相官邸前で祝福されるサッチャー夫妻
（写真：AP／アフロ）

の要職を歴任しました。後者の在任中に、サッチャーは学校において牛乳の無料配給を廃止したことから、「牛乳泥棒 (Milk Snatcher)」という不名誉なあだ名がつきました。これは、名字のThatcherと「ひったくり」を意味するsnatcherをかけたものです。

その後、1975年には第68代首相であったヒース (Sir Edward Richard George Heath, 1916-2005) を破り、保守党初の女性党首となります。その4年後の1979年に首相に就任しました。

当時の英国と言えば、経済が停滞し、数百万人と言われる失業者を抱えていましたが、サッチャーは首相に就くと、のちに「**サッチャリズム (Thacherism)**」と呼ばれる大胆な改革に着手し、規制緩和や国有企業の民営化、労働活動の規制などを通じて経済の立て直しに尽力しました。

その手腕をめぐっては、評価する声がある一方で、貧富の格差の拡大を招いたとする批判の声もあり、今でも英国の世論を二分しています。その証拠に、2013年4月に執り行なわれた自身の葬儀時には、ロンドンの中心部にあるトラファルガー広場など各地で、サッチャリズムに対する反対デモや葬儀に多額の国費が使われることに対する反対デモが行なわれたのです。

サッチャーは在任中、「**小さな政府 (limited government)**」〔注：民間の経済活動に対してできる限り政府の関与をなくすことによって、経済の活性化を図ろうとする試み

や施策のこと。小さな政府においては、歳出は少なく、課税が低いことが特徴で、それに伴って、低福祉、低負担、自己責任の重要視がなされる]への移行を積極的に進め、市場経済原理に重きを置き、起業家精神を後押ししました。

しかし、1989年以降の景気後退に直面して党内からの反発にあい、1990年11月には辞任を余儀なくされるのです。

以下は、"The lady's not for turning."（この女は後戻りなどしないのです）という名台詞で知られる1980年10月10日、イングランド南東部のブライトン（Brighton）で開かれた保守党大会での演説の抜粋です。

当時は、いわゆる「英国病」[注：第2次世界大戦後、経済状態が成熟したことによって、国民の勤労意欲が低くなり、多発するストライキや低い生産性を招くなど、経済・社会的停滞をもたらした1960年代から1970年代の英国の状況]が蔓延した状態で、インフレと失業問題にあえいでいましたが、そのような中での演説となりました。

5.2. 演説から学ぶ

Part 1

上記で説明したような「英国病」の最中での苦境から、国民を救いだすために課された自らの政権の役割を、強い決意で表明した箇所からの引用です。

第5章　マーガレット・サッチャー

I am profoundly concerned about unemployment. Human dignity and self respect are undermined when men and women are condemned to idleness. The waste of a country's most precious assets — the talent and energy of its people — makes it the bounden duty of Government to seek a real and lasting cure.

① If I could press a button and genuinely solve the unemployment problem, do you think that I would not press that button this instant? ② Does anyone imagine that there is the smallest political gain in letting this [level of] unemployment continue, or that there is some obscure economic religion which demands this [level of] unemployment as part of its [grisly] ritual? This Government are pursuing the only policy which gives any hope of bringing our people back to real and lasting employment.

注：[　]内は、実際の演説では入っていますが、公表されている原稿上は入っていない部分です。以下の全訳でも、[　]内にその部分の訳を入れてあります。

引用元　Margaret Thatcher Foundation

【全訳】

わたくしは失業問題に対して大いに憂慮しています。人間の尊厳と自尊心は、男性も女性も怠惰だと非難される時に損なわれるのです。国家の最も貴重な資源、すなわち国民の才能とエネルギーが無駄にされていることは、現実的で持続的な解決策を見つけることを、政府のなすべき義務としています。

もし、わたくしがボタンを押して、真に失業問題を解決することができるのならば、皆さんは、この瞬間にわたくしがそのボタンを押さないとお思いですか。この失業［の水準］を継続することによっていささかでも政治的利益があるのでしょうか。あるいは［身の毛もよだつような］儀式の一部としてこの失業［の水準］を要求するあいまいな経済的な信仰があるとでも想像する方がいるのでしょうか。この政府は、国民に現実的で持続的な雇用を取り戻す望みを与える唯一の政策を追求しているのです。

【語注】

profoundly 心から、大いに、human dignity 人間の尊厳、self respect 自尊心、(be) undermined 損なわれる、are condemned...idleness 怠惰だと非難される、precious assets 貴重な資源、bounden duty なすべき義務、lasting cure 持続的な解決策、genuinely 真に、this instant この

瞬間に、smallest...gain いささかでも政治的利益、obscure...religion あいまいな経済的信仰、demands 〜を要求する、ritual 儀式、pursue（-ing）〜を追求する

【発音注】

profoundly［プルファウンドゥリ］、undermined［アンダマインドゥ、アンダマインドゥ］、condemned［クンデムドゥ］、idleness［アイドゥルヌス］、precious［プレシャス］、bounden［バウンドゥン］、button［バットゥン］、genuinely［ジェニュインリ］

名演説の中の名台詞（7）

Human dignity and self respect are undermined when men and women are condemned to idleness.
「人間の尊厳と自尊心は、男性も女性も怠惰だと非難される時に損なわれるのです」

【解説】

この言葉の背景には、後述のPart 2の引用箇所にも出てくる「不満の冬（winter of discontent）」の存在があります。ですから、この言葉抜きに、この時代を語ることはできません。

「不満の冬」とは、サッチャーがこの演説を行なう前の1978年から1979年までの英国の状況を指し、この

時代、最悪の労働紛争が各地で勃発していました。具体的に言えば、物資の欠乏、解雇や倒産といった企業における諸々の問題、鉄道員・公務員・救急車のドライバー・墓掘人などによるストライキが各地で起こり、それぞれの労働組合は25％以上の法外な賃上げを要求するなど、混沌とした時期でした。加えて失業率は、200万人を超えていたのです。

このような状況下で、上記のような台詞を述べることによって、サッチャーは混沌とした英国と自信を失った国民を鼓舞したのでした。

ところで、この「不満の冬」という言葉は、イギリスの最も有名な劇作家シェークスピア（William Shakespeare, 1564-1616）の悲劇『リチャード3世』の冒頭の台詞の一節からとられました。『リチャード3世』の舞台は、ランカスター家とヨーク家という2つの名門一族の権力闘争であった薔薇戦争の最中の15世紀イングランドです。リチャード3世（1452-1485）はヨーク家の出身であり、最後のヨーク朝の王様となった人物です。

実際に原文で、その冒頭部分を見てみましょう。

GLOUCESTER. Now is the winter of our discontent. Made glorious summer by this sun of York;

（グロスター公リチャード［注：のちのリチャード3世］「やっと不満の冬も去りました。ヨーク家にも輝かしい夏

の太陽が照りはじめました」)

　ここでの"Now（現在）"とは、兄のエドワード4世が1471年のテュークスベリー（Tewkesbury）の戦い［注：薔薇戦争のうちの最後の戦争で、ランカスター家を破った戦いのこと］で勝利した時を指します。ですから、ヨーク家にとって「長きにわたるランカスター家との確執問題」である「不満の冬」は去ったということを示しているのです。そして、そののち、久しぶりに宮廷に平和がもたらされ、華やかな宴が催されて、「太陽が照りはじめる」のです。

✓ 英語力向上の極意
極意（1）　修辞疑問文を用いる

　この引用部分では、サッチャーは「**修辞疑問文（rhetorical question）**」を以下の二文で使っています。修辞疑問文とは、答えを求めるような通常の疑問文とは異なり、聞き手に考えてもらうことを目的として、投げかけるように尋ねる疑問文のことです。日本語では、「反語」と呼ぶこともあります。

　下線部①と②を見てみましょう。

（下線部①）If I could press a button and genuinely solve the unemployment problem, do you think that I would not press that button this instant?

（下線部②） Does anyone imagine that there is the smallest political gain in letting this [level of] unemployment continue, or that there is some obscure economic religion which demands this [level of] unemployment as part of its [grisly] ritual?

聞き手に考えさせることを目的とした修辞疑問文は、政治家が自分の意見を直接的でなく、間接的ではありますが、確実に届けたい場合に使用するレトリック（修辞法）の１つです。

このテクニックは、普段、私たちも使えるものです。特に、聞き手に考えることを促したい、直接的に言うのは気が引けるけれども効果的に提案をしたいといった時に使えるレトリックです。

☞ 極意を使う（7） 疑問文か？ 反語・念押しか？

ところで、同じ文であっても、それが通常の疑問文の時と、反語・念押しの時があります。それを音声上、分けるのは、**イントネーション**です。

以下の文を正しいイントネーションを使って、言い分けてみましょう。また、イントネーションの型によって異なる意味も確認してください。

（例文）
(1) Are you a doctor?（↗）「お医者さんですか？」

第 5 章　マーガレット・サッチャー

　　→普通に医者かを尋ねています。
(2) Are you a doctor?（↘）「あなたは医者ですよね」「あなた本当に医者なんですか？（医者であるはずはありませんよね）」［反語］
　　→医者であることを念押ししたり、疑問を持っていたりする場合に用いられます。
(3) Can I open the window?（↗）「窓を開けていいですか？」
　　→普通に窓を開けていいか尋ねています。
(4) Can I open the window?（↘）「窓を開けてもいいわよね」［念押し］
　　→「もちろん」と同意するという答えをかなりの確率で求めています。
(5) Do you know him?（↗）「彼を知っているの？」
　　→普通に彼を知っているのかを尋ねる場合に使います。
(6) Do you know him?（↘）「彼を知っているよね」［念押し］
　　→知っていることを確認する時や念を押す際に使います。

　このように、通常の疑問文の場合、イントネーションを文末で上げますが（上昇調）、反語や念押しの場合には、イントネーションが文末で下がります（下降調）。ただし疑問文の場合、すべてが上昇調になるわけではあ

121

りません。How、What、Why など疑問詞で始まる疑問文では、通常、イントネーションが文末で下がります。

同じ文でもイントネーションを変えることによって、異なった意味合いを伝えることができるのです。

|極意 (2)　the を正確に発音する|

次に、定冠詞 the の正しい発音を確認しましょう。

後続の単語が母音で始まる際には、[ジィ] と発音します。母音とは日本語で言えば「あ・い・う・え・お」に相当するものですが、英語では日本語より数が多く複雑です。一般に、英語の母音は二十数個あると言われています。

後続の発音が母音かどうかを判断する際に綴りは関係ありません。the user は u で始まっていますが、語頭の音は半母音 [ユ] ですので、英語では子音扱いになります。したがって、ここでは the は [ジィ] ではなく、[ザ] となります。

他方、下線部①にある the unemployment の u は母音 [ア] なので、定冠詞 the は [ジィ] となります。機会があったら一度、辞書にある発音記号に目を通してみてください。新しい発見があるかもしれません。

このように、the の発音が名詞または形容詞の最初の音によって、変わってくるのですが、この発音を間違えると、場合によっては、聞き手がその部分を理解できなかったり、人によっては「教養がない」と否定的に捉え

たりする場合もあるので、注意したいところです。

極意（3） that の発音は品詞によって使い分ける

ここでは that の発音も要注意です。このことは、第2章の「英語力向上の極意（2）」でも記しましたが、ここでもう一度確認しましょう。

まず、接続詞の場合には、通常、「**弱形**」という弱くてあいまいな音になるので、［ザットゥ］ではなく、［ズットゥ］に近い発音となります。例えば、下線部② Does anyone imagine that there is the smallest political gain... の that は接続詞なので、弱形で発音します。

一方で、「あれ、それ」を意味する指示代名詞や「あの、その」を意味する指示形容詞は「**強形**」で発音するので、はっきりとした発音である［ザットゥ］になります。Part 1 の下線部① ...do you think that I would not press that button this instance? の2番目の下線部 that button の that は指示形容詞なので、強くはっきりと強形で発音しますが、...do you think のあとの that は接続詞なので弱く弱形で読みましょう。

これらの点に注意すると、英語の発音もなめらかに自然に聞こえるようになります。

Part 2

以下は、この演説の中で、最も有名な名台詞を含む箇所からの引用で、サッチャーらしい力強い調子で国民を

鼓舞しています。リーダー然とした凛々（りり）しい姿で演説している様子は、実際の映像も残っていますので、ぜひ確認してみたいものです。

If our people feel that they are part of a great nation and they are prepared to will the means to keep it great, a great nation we shall be, and shall remain. ① So, what can stop us from achieving this? ② What then stands in our way? ③ The prospect of another winter of discontent? I suppose it might.

But I prefer to believe that certain lessons have been learnt from experience, that we are coming, ④ slowly, ⑤ painfully, to an autumn of understanding. And I hope that it will be followed by a winter of common sense. If it is not, we shall not be ― diverted from our course.

To those waiting with bated breath for that favorite media catchphrase, the "U" turn, I have only one thing to say. ⑥ "You turn if you want to. The lady's not for turning." I say that not only to you but to our friends overseas and also to those who are not our friends.

引用元　Margaret Thatcher Foundation

第5章 マーガレット・サッチャー

【全訳】

　もし国民が、偉大な国の一部分であり、偉大であり続けるための手段を願う準備ができていると感じるのであれば、この国は偉大な国となり、必ずそうあり続けるでしょう。そうすると、何がこれを達成することを止められるでしょうか。何が私たちの行く手を阻(はば)むのでしょうか。それはもう1つの「不満の冬」の可能性なのでしょうか。そうかもしれませんが。

　しかし、経験から何か教訓を得て、ゆっくりと、しかし痛みを伴いますが、理解の秋に差し掛かっていると考えることをわたくしは好みます。そして、常識の冬が続くことを期待しています。そうでないとしても、方向転換を強(し)いられることはないのです。

　メディアがもてはやした売り言葉である「Ｕターン」ということを固唾(かたず)を呑(の)んで待っている人たちに対して、私はこう言いたいと思います。「あなたが戻りたいのならば、あなたが戻りなさい。この女は決して後戻りなどしないのです」と。私はこのことを皆さん方にだけでなく、海外にいる私たちの同胞にも、そして同胞でない人たちにも伝えたいと思います。

【語注】

our people (英国) 国民、will 〜を願う、prospect 可能

125

性、winter of discontent 不満の冬、lessons 教訓、painfully 痛々しいほどに、common sense 常識、If it is not はここでは Even if it is not の意、shall...from ～から方向転換を強いられることはない、with...breath 固唾を呑んで、favorite...catchphrase メディアがもてはやした売り言葉

【発音注】
achieving［アチーヴィン］、discontent［ディスコンテントゥ］、bated［ベィティドゥ］、breath［ブレス］、catchphrase［キャッチフレィズ］

名演説の中の名台詞（8）

To those waiting with bated breath for that favorite media catchphrase, the "U" turn, I have only one thing to say. "You turn if you want to. The lady's not for turning."
「メディアがもてはやした売り言葉である『Ｕターン』ということを固唾を呑んで待っている人たちに対して、私はこう言いたいと思います。『あなたが戻りたいのならば、あなたが戻りなさい。この女は決して後戻りなどしないのです』」

第5章 マーガレット・サッチャー

> **【解説】**
> 『サッチャー回顧録』（［下］1993: 158）にもあるように、この時代、200万人以上を超す失業者に加え、不況が続き、政府は政府で、数か月前に起こった情報漏洩(ろうえい)問題と内部分裂に苦しんでいたのです。そのような折に、政府は圧力に屈したという印象を与えることを避けたいという願いから、上記のような強い姿勢で臨んだ演説でした。
>
> 実際の映像からは、サッチャーが推進していたインフレ抑制策に反対する人々に対して、あくまで自らの政策を貫く姿勢を明確にした強いリーダーシップが感じられます。
>
> そこで、「後戻り」、すなわち「Uターン」はしないという確固たる立場を明確にしたのです。加えて、You turn if you want to.（後戻りしたいのならば、あなたがしなさい）と突き放したように淡々と言い放ちます。この突き放した感じが、さらに強いリーダーシップを演出するのに一役買っているのです。「Uターン」については、後述の5.3.を参照してください。

✓ 英語力向上の極意

極意（4）　適切なイントネーションを使う

ここでは、**イントネーション**について学びましょう。イントネーションとは、文の抑揚のことで、イントネーションを変えることによって、同じ文であっても、文意

を変えることができます。この点については、第5章「極意を使う (7)」でも言及しました。言い換えれば、イントネーションは、話者の意図を示す役割を担っているわけです。基本的には、日本語と同様で、平叙文ではイントネーションが下がり、疑問文では上がります。ただし、例外もあります。

例えば、Part 2にある下線部③は平叙文ですが、イントネーションを上げることによって、疑問文と同じ働きとなります。これを「**陳述疑問文 (declarative question)**」と呼ぶことがあります。

スクリプト上では、疑問符 (?) がついていますが、会話など音声言語の場合には、イントネーションの上がり下がりを正確に聞き取らないと、意味を正確に把握することはできませんので、注意が必要です。

また、whatなどの疑問詞で始まる例として、下線部① So, what... this? や下線部② What then... way? がありますが、これらの文では、通常、イントネーションを語末にかけて下げながら読む必要があります。

極意 (5) 感情に訴えかけるテクニック

演説を成功させる重要な手法として、「感情に訴えかける」ことが挙げられます。

そのためのテクニックの1つが、**副詞を強調する**ことですので、そのためにはゆっくり読むとよいでしょう。サッチャーも下線部④ slowly、下線部⑤ painfully

をていねいに発音していることがわかります。この手法は比較的応用が容易ですので、英語の初中級レベルの学習者でも取り入れやすい手法です。

一方で、サッチャーは感情に訴えるための高度なテクニックも使っています。この演説で最も有名な台詞、下線部⑥ "You turn if you want to. The lady's not for turning." では、**感情を抑えてさらりと述べているのです**。この点は「雄弁な演説家（great orator）の妙技」と言えます。重要な箇所を声高に言うのではなく、逆にさらりと述べているのですから。この台詞のあと、聴衆からの笑い声と溢れんばかりの拍手が会場を包むのです。

☞ 極意を使う（8） 副詞を効果的に使用する

副詞を巧みに使うことが、英語の質を上げることにつながることがあります。下線部のような副詞がある場合（○）と、ない場合（×）を比べてみましょう。

（例文）

(1) （○）The sales target has **drastically** changed compared to last year.（売上げ目標が去年と比べて、**大幅に**変わりました）

(2) （×）The sales target has changed compared to last year.（売上げ目標が去年と比べて、変わりました）

(3) （○）We decided to **significantly** reduce our costs.（弊社は出費を**著しく**縮小することを決めました）

129

(4) (×) We decided to reduce our costs.（弊社は出費を縮小することを決めました）
(5) (○) The manager **completely** refused the proposal.（マネージャーはその提案を<u>完全に</u>否定しました）
(6) (×) The manager refused the proposal.（マネージャーはその提案を否定しました）

このように、「程度を表わす副詞」を文に加えることによって、話に具体性が増します。したがって、ビジネスの場やアカデミックな場のように、具体的に話すことが求められる場合には、特に効果的です。もちろん、データ、数字、具体例を挙げると一層具体性は増します。

しかし、ビジネスなどでは、数字などをあまり具体的に述べたくない場合などが存在します。そうした場合にでも、「程度を表わす副詞」を使用することによって、その状況をうまく切り抜けることができるというメリットもあります。場面に応じて、以下のような程度を表わす副詞を使ってみましょう。

その他の程度を表わす副詞
① 完全に、絶対に： absolutely, entirely, completely, perfectly, thoroughly
② 非常に： greatly, exceedingly, extremely, remarkably, immensely, considerably, highly
③ まあまあ、ほどほどに： moderately, reasonably
④ わずかに、やや、部分的に： slightly, somewhat,

merely, more or less, fairly, rather, partly, partially
⑤　ほとんど〜ない：　hardly, scarcely, little

極意（6）　堂々と話し、動じない

「鉄の女」という異名を持つだけあり、サッチャーはパワフルで堂々たる姿で演説しています。実は、この演説の最中、乱入者がいたのですが、サッチャーは決して動じることなく、その上、"Never mind, it is wet outside. I expect that they wanted to come in."（気にすることはありません。外は雨が降っているから、ここに入ってきたかったのね）とジョークを飛ばし、その場を見事におさめたのです。このように、いかなるハプニングがあっても動じないリーダー然とした姿は、さすがと言わざるを得ません。

　一方、サッチャーは、演説をする際に、ほとんどボディランゲージは使わず、原稿に目を落としていることが多いので、一般的には、効果的な演説のスタイルだとは言えません。

　しかし、メッセージをしっかりと聴衆に届けることに成功しているのは、「**声の扱い方**」が非常に巧みだからです。まず、「区切り」の入れ方が適切であるとともに、ゆっくりとした速度で、そして、女性でありながら、か細い声ではなく、明確に発声しているため、声がよく通っていることが映像からわかります。

　力強く、動じず、適切な発声で話すことは、自分のメ

ッセージを的確に届けることにつながるのです。以下のURLにアクセスして、実際の演説を確認してみましょう。

一部映像：http://www.margaretthatcher.org/document/112661

5.3. 名演説の裏話 「名台詞が生まれた背景」

前章で扱ったオバマ米大統領の就任演説の陰には、ジョン・ファブロー (Jonathan E. "Jon" Favreau, 1982–) という若く有能なスピーチライターがいたことはよく知られています。同じく、サッチャー元首相にも、俳優・劇作家としても活躍したロナルド・ミラー (Sir Ronald G. Millar, 1919–1998) というスピーチライターがいました。"The lady's not for turning."（この女は後戻りをしない）という名台詞で知られる今回の演説を書くにあたって、ミラーは劇作家のクリストファ・フライ (Christopher Fry, 1907–2005) による1948年の詩劇 "The Lady's Not For Burning"（この女は焚刑に及ばず）からアイディアを得たといわれています。

フライは、日本人にはあまり知られた存在ではありませんが、戦後のイギリス劇壇においては、存在感を最も強く示した劇作家の一人なのです。フライによるこの作品は、1948年に初演された中世をテーマにしたロマンティック・コメディーで、当時のロンドンでは、かなりの人気を博したようです (注1)。

第5章　マーガレット・サッチャー

　次に、もう1つの名台詞である"U-turn"という表現は、第68代英国首相エドワード・ヒースが、1972年にとった「Uターン政策」のことを指します。これは、自由経済や産業不介入主義を掲げて取り組んだ結果、失業率の増加と福祉制度の危機的状況に陥ったため、結局、政府支出を増やす政策に戻るというものです。サッチャーがこの演説でこの言葉を用いた後、イギリスでは政府が政策を撤回、変更をした際にはこの「Uターン」という言葉がしばしば用いられるようになりました。

　このU-turn は、You turn（if you want to）「（戻りたければ）あなた方がそうしなさい」にかかっています。党内から急進的な政策を転換するように求められていたサッチャーはこのフレーズを使ったことによって、支持者たちから拍手喝采を浴びました。名演説家の誕生です。

　しかし、サッチャーにとって、名演説家となる道のりは、決してたやすいものではありませんでした。この点に関しては、自身の回顧録の中で、以下のように書いています。

　　「私の出自や経歴は伝統的な保守党の首相とは違っ
　　ていた。私は彼らほど黙っていても敬意を抱かれる
　　ことを期待できる立場にいたわけではない（[上]
　　1993:22)」

注1　スタンフォード（1956）

133

当時のイギリスでは、社会階級によって話者の発音が異なるという特質がありました。上流階級に属するものは、一般に「**容認発音 (Received Pronunciation, RP)**」と呼ばれるアクセントで話すというのが相場でした。逆に言うと、RP で話すことが、上流階級に属し、高度な教育を受けていることの証明でもあったわけです。現在でも、英国国民の間では、階級意識はやや残ってはいますが、サッチャーが首相になった当時と比べると、そうした意識はかなり薄れたと言えるでしょう。

　このことを表わす好例として、2011 年に結婚したウィリアム王子 (Prince William, 1982-) は、父のチャールズ皇太子 (Prince Charles, 1948-) に次いで王位継承順位第 2 位の正統なる王族ですが、アクセントの観点で言うと、RP の中でも「進歩的な RP (Advanced RP)」で話します。この進歩的な RP とは、主に若年層の知的労働従事者に多く見られる発音です。一方で、それよりも形式ばらない、ロンドンの労働者階級のアクセントである「コックニー (Cockney)」と RP の中間の発音の特徴を持つ「**河口域発音 (Estuary English)**」の特徴もウィリアム王子には大いに見られると述べている学者もいることから、現在では、上流階級であっても必ずしも従来の典型的な RP で話すわけではないことがわかります。特にこの特徴は若い年齢であればあるほど顕著であることが、ウィリアム王子の例からもわかります。しかし、サッチャーの時代にはそれほど寛容にアクセントが

捉えられることはありませんでした。

　では、なぜ、その当時、サッチャーのアクセントが問題視されたかというと、5.1.で言及しましたが、サッチャーはオックスフォード大学という名門大学出身なのですが、出身の社会階級は中流階級だからです。

　この点に目を付けた新聞をはじめとするメディアや政敵は、サッチャーのアクセントを「上流階級の話し方を真似ようとしている」と揶揄したこともありました。こうした批判を受け、1967年より保守党のPR担当のブレインであったリース（Sir James Gordon Reece, 1929-2001）のアドバイスで、サッチャーはスピーチの訓練を受け、発音を克服していったのです。実は、このリースは、サッチャーの選挙対策の一環として、イメージ向上戦略を巧みに行なったやり手の人物でした。サッチャーが家事もこなす姿をメディアに露出したり、明るい色の洋服やフェミニンなヘアースタイルにするようにアドバイスをしたりと、イメージの軟化を図ったのも、このリースの戦略の1つでした。この戦略によって、「浮動票」がサッチャー支持にまわったと言われています。

　最終的に、サッチャーは、この演説においてミラーが書いた演説を自分の言葉として巧みに操れる名演説家にまで成長したのです。

第6章
ネルソン・マンデラ
——大統領就任演説

　この章で取り上げるのは、南アフリカ共和国でアパルトヘイト［注：apartheid、人種隔離。1989年に就任したフレデリク・デクラーク（Frederik Willem de Klerk, 1936-）大統領が人種融和に取り組み、1993年に撤廃］の解放闘争を率いたネルソン・マンデラ（Nelson Rolihlahla Mandela, 1918-2013）元大統領の就任演説です。

　本章では、当時の呼び方のまま「白人」と「黒人」という言い方を用います。

6.1. マンデラの生涯と演説の背景

　マンデラは1918年、当時、南アフリカ連邦にある南アフリカ最大の黒人居留地であったトランスカイ自治区（州）ウムタタ近郊の村で生まれます。父はコーサ語

(Xhosa、注：南アフリカでは2番目に話者の多い土着言語)を話すテンブ族の首長でした。

ですから、マンデラはテンブ族の王家ではないものの、父親は王の相談役という重要な地位にいた人物であったので、南アフリカの名家の出身と言えるでしょう(注1)。しかし、父親が白人に逆らったかどで、マンデラがまだ小さい時に、地位と財産を失います。

ところで、マンデラの生まれた時の名前はホリシャシャ（Rolihlahla）でした。マンデラは、当時のアフリカ人にとっての最高学府であるクラークベリー・カレッジ（Clarkebury）というメソジストのミッションスクールで教育を受けるのですが、そこで先生が「ネルソン」という名前を付けます。それ以後、英語式の名前である「ネルソン」と呼ばれるようになったわけです。

その後、高等専門学校に類するフォートヘア大学（University of Fort Hare）に学びますが、学生運動を主導したことをとがめられ、学業を断念します。その後、通信制大学である南アフリカ大学（University of South Africa）に学び、1943年南アフリカでは歴史あるウィットウォーターズランド大学（University of Witwatersrand）に入学、唯一の黒人として法律を専攻し、学位を取得しました。1952年には、学生時代の友人オリバー・タンボ（Oliver Reginald Tambo, 1917-1993）と黒人初の法律事務所を開設します。

注1　ラング（2010:28）

マンデラは、大学在学中の1944年から、南アフリカの政党で、黒人たちの人種差別をなくすための組織の1つであるアフリカ民族会議（ANC、African National Congress）に入党し、非暴力的な方法で反アパルトヘイト運動に参加します。しかし、その活動がもとで1964年に国家反逆罪に問われ、終身刑を言い渡され、ロベン島に収監されます。

　マンデラは一貫して、民族の和解と協調、白人と黒人の対立解消や格差是正を訴え続けました。こうした不屈の精神こそが、国家反逆罪で終身刑を言い渡され、27年間の獄中生活にあっても高い希望を掲げ続けることができた 源 なのでしょう。収監中には、イギリスのロンドン大学の通信教育課程を履修するなど、積極的に学ぶことをやめませんでした。

　獄中で27年の歳月を過ごした後、1990年にANCが合法化されたことでマンデラは釈放されます。そして1993年には南アフリカに民主的な政治秩序をもたらしたことなどが高く評価され、ノーベル平和賞を当時のデクラーク大統領とともに受賞しました。

　1994年の4月には初の全人種参加による総選挙が実施され、マンデラ大統領が就任したのです。

　1990年に釈放され、1994年の大統領就任時に75歳だった元政治犯は、3世紀にわたる少数白人支配から解放された民主国家の運営に乗り出しました。

　大統領職を 退 いてからは、国連で演説を行なったり、

ユネスコの親善大使を務めたりと、平和と平等、国際理解の促進に精力的に専心しました。

そして、2013年12月5日、95歳の生涯を閉じるのです。その追悼式に、オバマ大統領をはじめとする各界の代表者が集ったことは記憶に新しいでしょう。

追悼式の様子 (写真：共同通信社)

6.2. 演説から学ぶ
Part 1

以下の就任演説は1994年5月10日に行政上の首都プレトリア（Pretoria）＊で行なわれたもので、「新生南アフリカの幕開け」を力強く、かつ淡々と宣言した前半からの引用です。

＊南アフリカには、行政上の首都（プレトリア）のほか

に、司法上の首都（ブルームフォンテーン）と立法上の首都（ケープタウン）があります（地図参照）。

Our daily deeds as ordinary South Africans must produce an actual South African reality that will reinforce humanity's belief in justice, strengthen its confidence in the nobility of the human soul and sustain all our hopes for a glorious life for all.

All this we owe both to ourselves and to the peoples of the world who are so well represented here today.

To my compatriots, I have no hesitation in saying that each one of us is as intimately attached to the soil of

第6章 ネルソン・マンデラ

this beautiful country as are the famous ① <u>jacaranda</u> trees of Pretoria and the ② <u>mimosa</u> trees of the ③ <u>bushveld</u>.

Each time one of us touches the soil of this land, we feel a sense of personal renewal. The national mood changes as the seasons change.

We are moved by a sense of joy and exhilaration when the grass turns green and the flowers bloom.

引用元　Nelson Mandela Centre of Memory

【全訳】

　一般の南アフリカ人の日頃の行ないは、正義に対して人間が抱く信念を強め、人間の魂の尊厳に対する自信を強化し、すべての人々が輝ける人生を送るという私たち全ての望みを維持するような現実を、南アフリカにおいて実際に生み出さなければなりません。

　これらすべてのことは、我々自身と本日ここに集まった人々に代表されている世界の人々あってのことです。

　同国人の皆さん、私たち一人一人が、プレトリアの有名なジャカランダの木やブッシュフェルトに生えている

141

ミモザの花と同様に、この美しい国の土壌に深く結びついていると述べることに私はためらいなどありません。

　この国の土壌に国民のだれかが触れるたびに、各自に新たな気持ちが芽生えるのです。季節が変わるように国の雰囲気も変わるのです。

　草が緑になり、花が咲き始めると、喜びと高揚感に私たちは心動かされるのです。

【語注】
daily deeds 日頃の行ない、ordinary 一般の、普通の、produce 生み出す、actual 実際の、reality 現実、reinforce 強める、justice 正義、strengthen 強化する、confidence 自信、nobility 尊厳、sustain 〜を維持する、glorious life 輝ける人生、compatriots 同国人、have...saying 〜と述べることにためらいはない、intimately attached 深く結びついている、jacaranda ジャカランダ［注：夏に美しい薄紫色のラッパ状の花をつける植物］、mimosa 〜 bushveld ブッシュフェルト［注：南アの白金族金属鉱山地帯］に生えているミモザの花、sense...renewal 各自に芽生える新たな気持ち、exhilaration 高揚感

【発音注】
nobility ［ノゥビラティ］、glorious ［グロリアス］、owe

第6章　ネルソン・マンデラ

[オゥ]、compatriots［クンパ（ペィ）チュリオッツ］、hesitation［ヘズィティシュン］、intimately［インタムットゥリ］、bushveld［ブシュフェルトゥ］、exhilaration［イグジラレィシュン］

名演説の中の名台詞（9）

We are moved by a sense of joy and exhilaration when the grass turns green and the flowers bloom.
「草が緑になり、花が咲き始めると、喜びと高揚感に私たちは心動かされるのです」

【解説】
　この言葉の背景には、ネルソンが幼少のころ、デンブ族の首長であった父親から学んだ部族的な考え方があります。それはつまり、「アフリカ人は自然の中で、大地とともに、動物とともに力を合わせて生きている。したがって、人間は大自然を親とする兄弟姉妹なので、みな平等だ」という自然との調和の精神に基づいていると解釈できるのです。ネルソンはこの精神を一生心の中に刻んで、実行していたと言われています。
　もともとこの考え方は、ネルソンが所属していた部族（テンブ族）に伝わるものですが、多くのアフリカ人に広く根付いているものです。こうした精神は、時

として、西洋人に利用されることがありました。

1880年代から、ヨーロッパの強国がこぞってアフリカを侵略しました。結果として、第1次世界大戦前の1912年には、リベリアとエチオピアの2国を除く全土が、イギリスやフランス、スペインといったヨーロッパの7か国によって統治されました。これを「アフリカ分割（Scramble for Africa）」と呼びます。

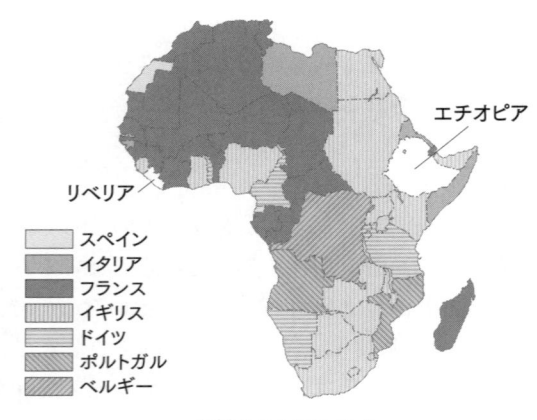

分割されたアフリカ

では、なぜこれほどの短期間で統治が可能になったかという理由の1つとしては、前述のアフリカ人の思想が影響していると考えられます。つまり、白人による統治以前のアフリカにはヨーロッパ的な考え方が当然存在しませんでしたので、アフリカ人は、「土地は

大自然からの借り物」だと捉えていました。ですから、侵略者である白人に土地を差し出した人もいたようです。もちろん、その多くは果敢に抵抗したにもかかわらず、アフリカ先住民たちの土地は武力行使で奪われたのです。結果として、白人たちがそれをわが物として所有したわけです。

ですから、この一節は、西洋的なものの考え方からの脱却、つまり、本来のアフリカ人が持つ自然との共存・調和を思い起こさせるものです。そのスピリットが、使用している move「～に心を動かされる、～を感動させる」という動詞にも表われています。

✓ **英語力向上の極意**

極意（1） 演説に「色」を添える

演説やスピーチを行なう際に、聴衆が親しみを持つような、イメージを浮かべやすい表現や語を使用して、**聴衆との精神的距離を縮める**というテクニックがあります。演説やスピーチを行なう側は、一般に、聴衆より優位または上位にある場合が多いので、聴衆との間に精神的な距離が生まれる場合がありますが、それを回避するためのテクニックなのです。

マンデラは、日本人にはなじみがあまりありませんが、南アフリカ人なら即座に情景を思い浮かべることができる下線部①ジャカランダ（jacaranda）の木や下線部②ブッシュフェルト（bushveld）、下線部③ミモザ（mimosa）といった植物の名前と、その情景を想像しやすい表現を演説に入れることによって、文字通り演説に「色」も添えているのです。

こうした聞き手にとってなじみ深いものを引用することは、外国語でも比較的簡単にできるテクニックです。そのためには、聴衆について事前に知識を得てから、演説に取り入れるとよいでしょう。

☞ 極意を使う（9）身近な例を入れる

では、上記で紹介した「英語力向上の極意（1）」を応用してみましょう。聞き手にとって身近な例を取り入れると会話が円滑に進むことがしばしばあります。

ここでは、外国人との会話において、そのテクニックをどのように使うのかを実際に例をあげて、みてみましょう。

場面設定（1）：外国人が日本に初めて訪問するので歓迎会を居酒屋で行なうことを告知する

① Billy, we'd like to have a welcome party at an *Izakaya* or a Japanese-style bar. We will eat *Yakitori* or a Japanese-style chicken barbecue there. I hope you like it.

（ビリー、歓迎会を居酒屋、つまり日本式のバーでやりたいと思っています。そこで、焼き鳥、すなわち日本式の鶏肉バーベキューのようなものを食べます。お

気に召すといいのですが)

→ポイント✍ ここでは「焼き鳥」という日本的な食べ物を、"barbecue" という世界的によく知られた食べ物で置き換えています。焼き鳥とバーベキューはまったく同じというわけではありませんが、類似するものを使って説明することによって、それを知らない外国人にとってはイメージしやすくなります。置き換える際には、or を使用すると便利です。

場面設定（2）：好きな作家について話す

② Steve: Yuuki, what kind of novels do you like to read? Do you have any favorite author?

Yuuki: I like mysteries written by *Misa Yamamura*. She is very famous in Japan, so she is the Japanese version of *Agatha Christie*.

（スティーブ：ゆうき、どんな小説を読むのが好き？好きな作家はいる？

ゆうき：山村美紗が書いたミステリーが好きだな。日本では有名だから、日本版アガサ・クリスティーってとこかな）

→ポイント✍ 〜 is (are) the Japanese version of…は「〜は日本版…」という意味になります。これを使うと、聞き手の身近なものに置き換えることが容易になります。…には、聞き手が知っている人物の名前や事象を入れるとよいでしょう。

このように、外国人に対して、日本的なものや日本では広く知られたものを説明する場合には、それに類似する世界的に知られているものや、相手国で知られているもので置き換えるという方法を覚えておくと、会話が豊かになります。

極意 (2) 音の連結

次に、「音の連結」と呼ばれる現象について学んでみましょう。この仕組みが理解できると、音読の際に文章の流れが滑らかになり、英語らしい発音のブラッシュアップに役立つという利点もあります。

音の連結は、前の単語の語末が子音で終わり、次の語の語頭が母音で始まる際にしばしば起きる現象です。Part 1 の、South African、confidence in、one of us、all our hopes、hesitation in、sense of の下線部に着目してください。ただし、気をつけたいのは、つづり字ではなく「音」に注目するという点です。したがって、confidence はつづり字では 'e' で終わっていますが、発音は /s/ で終わっているということです。

ここでは、2語を1語であるかのように、連結させて読むのがコツです。具体的には、［サゥス　アフリカン］ではなく、［サッサフリカン］のように、［コンフィドゥンス　イン］ではなく、［コンフィドゥンスィン］のように発音します。

第6章 ネルソン・マンデラ

　しかし、こうした連結は、同じ条件下であっても、すべての位置で常に起こるわけではありません。例えば、belief in justice や human soul and の下線部について言えば、マンデラは連結せずに発音しています。
　なぜなら、演説では区切りを頻繁に入れて読むことが多く、語句の文法的な結びつきとも関係してくるので、その見極めが大切です。

Part 2

We are both humbled and elevated by the honour and privilege that you, the people of South Africa, have bestowed on us, as the first President of a united, democratic, non-racial and non-sexist South Africa, to lead our country out of the valley of darkness.

We understand it still that there is no easy road to freedom.
We know it well that none of us acting alone can achieve success.
We must therefore act together as a united people, for national reconciliation, for nation building, for the birth of a new world.

Let there be justice for all.
Let there be peace for all.

Let there be work, bread, water and salt for all.
Let each know that for each the body, the mind and the soul have been freed to fulfill themselves.

Never, never and never again shall it be that this beautiful land will again experience the oppression of one by another and suffer the indignity of being the skunk of the world.
Let freedom reign.
The sun shall never set on so glorious a human achievement!

引用元　Nelson Mandela Centre of Memory

【全訳】

　団結し、民主的で、人種や性による差別をしない南アフリカ最初の大統領として、暗闇の谷からこの国を導く名誉と特権を、皆さん、すなわち南アフリカの国民が、私たちに授けてくれたことに対し、身震いすると共に、気持ちが高揚しています。

　私たちは、それでも、自由のためには、簡単な道などないということを心得ています。
　私たちは誰も一人だけで成功を勝ち得ることなどできないということをよくわかっているのです。

第6章　ネルソン・マンデラ

　ですから、私たちは国民の和解のために、国家建設のために、新しい世界の誕生のために、団結して共に行動しなくてはならないのです。

　すべての人に正義がありますように。
　すべての人に平和がありますように。
　すべての人に仕事、パン、水、塩がありますように。
　すべての人が、体や心、魂が自分自身のために力を存分に発揮できるために解放されたということを知ることができますように。

　決して、決して、決して、この美しい国において、一部の国民が他の国民を二度と抑圧することや世界の嫌われ者となることがありませんように。
　自由が君臨しますように。
　これだけの人間の偉業を前に、日が落ちることなどないのです！

【語注】

humbled 身震いする、elevated 気持ちが高揚する、privilege 特権、bestowed on 〜に授けた、united 団結した、non-racial 人種に関係なく、non-sexist 非性差別主義の、valley of darkness 暗闇の谷、achieve success 成功を勝ち得る、national reconciliation 国民の和解、have…freed 解放された、fulfill themselves 力を存分に発揮す

る、oppression 抑圧すること、suffer 被る、indignity 不名誉、skunk 嫌われ者

【発音注】
humbled［ハンブルドゥ］、elevated［エレヴェイティドゥ］、privilege［プリヴィレッジ］、reconciliation［リコンシリエィシュン］、indignity［インディグナティ］、reign［レィン］

名演説の中の名台詞（10）

Let there be work, bread, water and salt for all.
「すべての人に、仕事、パン、水、塩がありますように」

　本章の「名演説の中の名台詞（9）」で言及したように、マンデラは部族の考えに基づいた平等主義を実践しましたが、加えて、キリスト教に基づく考え方を持っていました。これは、マンデラが、キリスト教主義の学校教育を受けたことが大きく影響しています。これは、もともと南アフリカに定住した白人たちの宗教であったキリスト教が、時を経て、国土に根付いていったのです。
　そもそもキリスト教が南アフリカにもたらされたのは、17世紀にボーア人が入植したころと言われていま

す。入植者たちの精神的な支えとなったのが、キリスト教の一派である「オランダ改革派教会」の教義で、これはオランダ東インド会社が唯一公認したものでした。

　筆者は、ここで引用した台詞において、キリスト教的な考え方が表われていると考えています。もちろん、人間が生きるのに欠かせないものを列挙したと概括的に捉えることもできますが、南アフリカの国民の8割がキリスト教者である［注：うち約40%はプロテスタント］という事実を考えると、大統領の就任演説において、マンデラがキリスト教的な考えを披露することは何ら違和感のないことでしょう。

　キリスト教者にとって、「労働」は「奉仕」という尊い行ないであり、「パン」は「神自身」を、「水」は「清めの象徴」を、「塩」は「地の塩」という言葉にも表われているように腐敗を防ぎ、食べ物の味付けには欠かせないものという彼らにとっての世の中での「使命」を表わす言葉であると解釈できます。

　したがって、この台詞から、人々が生きるのに必要なものが十分に全国民に行き渡るとともに、真の平等と神のご加護を願っていることが窺えます。

　しかしながら、アフリカの人々へのキリスト教の影響の善悪に関しては、議論の余地のあるところで、中には、「文化帝国主義」によって、アフリカ独自の文化を失うことにつながったと考える人もいます。一例

> としては、ネルソンは、部族特有のホリシャシャという名から、西洋的なネルソンという名前を与えられましたが、これをアイデンティティの否定とも捉えることができるわけです。
>
> また、キリスト教的教義が歪曲(わいきょく)的に解釈され、白人を「選民[注：神に選ばれたもの]」とし、原住民を「選民でない」と位置づけ、のちのアパルトヘイトを助長する精神構造を生み出したとも言われています。つまり、人種差別主義者たちは、キリスト教を利用して、差別と弾圧を行なったという側面もあるのです。

✓ 英語力向上の極意

極意（3）　同じ語を文頭で繰り返す

この引用箇所では、同じ語で始まっている文が何文もあることがわかるでしょう。前半はすべて we で文が始まり、中盤はすべて let で始まっています。

同じ語を文頭で繰り返すというテクニックを使用することにより、テンポがよくなるので、**演説全体を盛り上げる**ことができます。同時に、こうした「重複の技巧」を演説の後半に取り入れると、演説が締まるだけでなく、リズムが良くなることによって、**聞き手の印象に残る演説**となるのです。

このテクニックは、演説といったフォーマルな場だけでなく、ビジネスミーティングやプレゼンテーションでも使えます。

第6章　ネルソン・マンデラ

☞極意を使う（10）　we を繰り返して鼓舞する

　上記の「英語力向上の極意（3）」にあるように、ビジネスミーティングやプレゼンテーションの後半で同じ語で文を始めると、聴衆の記憶に残りやすいのです。

　そして、第4章の「極意を使う（5）」で説明したように、we を使うと連帯感が増すだけでなく、繰り返すことで、さらに連帯感を印象付けることができます。それでは、ビジネスの場でどのように we を使うのか、一例をあげてみてみましょう。

■場面設定：ビジネスミーティングで

There are three targets which we have to accomplish by 2017. We have to produce new environmentally friendly products. We should open up seven new branches in South America. We should reduce capital investment spending by 15%.

（2017年までに達成すべき3つの目的があります。環境にやさしい新製品を作らなくてはなりません。南アメリカに7つの新支店を立ち上げなくてはなりません。設備投資費を15％削減しなくてはなりません）

→**ポイント✍**　we を繰り返すことは、聴衆を鼓舞することにつながるのみならず、聴衆に当事者意識を持ってもらうのに効果的です。

極意（4） /l/ と /r/ を正しく発音する

ここでは、日本人の苦手とするLとRの発音について学びましょう。

Lは前歯の後ろにある歯茎に舌先を付けたまま、発音します。こうすると、舌先が歯茎についたままなので、肺からの空気は舌の両側から出ます。この特徴から、Lは専門用語では、「側面音（lateral）」と呼ばれます。

さらに、単語のどの位置にあるかによって、発音が異なるという点も要注意です。

例を挙げると、lead や let のように**母音の前にくる** /l/ と、national や fulfill、well、still、salt、soul、beautiful のように**母音のあとにくる** /l/ を比べてみましょう。

前者は、明るい音調（これを「明るい l（clear /l/）」と

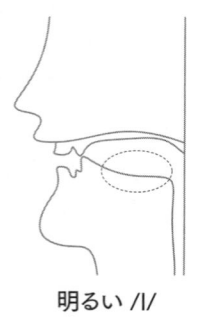

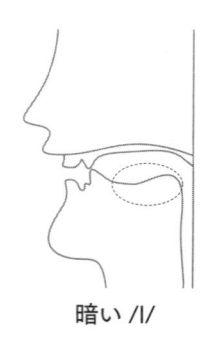

| 明るい /l/ | 暗い /l/ |

呼びます）ですが、後者は音調が暗くなり、/u/ に近い音（「暗い l (dark /l/)」と呼びます）になります。後者の場合、少し口をすぼめて、舌先と舌根に力を入れてみましょう。/u/ に近い音ができたら、成功です。このように、2種類のLが発音できれば、英語がより英語らしく聞こえるようになるはずです。

　上記の「明るい /l/」と「暗い /l/」を図解すると、以下のようになります。点線で囲まれている舌の後部（＝舌根）がそれぞれ異なっていることがわかります。

　他方、Rのポイントは、日本語の「ラ行の音」と違って、**舌先が口の上部につきません**。舌全体を丸めるようにして、r音を作ってみましょう。p<u>r</u>ivilege、count<u>r</u>y、<u>r</u>oad、<u>r</u>econciliation、b<u>r</u>ead などを練習してみてください。

6.3. 名演説の裏話「アパルトヘイトとは何か」

　マンデラの演説は感動的なものです。しかし、その背景を知らずして、この演説を深く理解することはできませんから、この項では、マンデラの演説が行なわれた背景の源流を成す「アパルトヘイト（人種隔離）」について説明します。

　そもそも白人による南部アフリカ支配の歴史は15世紀末のポルトガルによる東洋航路の建設時にまでさかのぼることができます。その後、ポルトガルから制海権を奪ったオランダが、オランダの東インド会社による中継

地点として、現在の南アフリカに位置するケープタウンを使用しました。その後、1814年にウィーン会議で、南アフリカがイギリス領となり、英国化政策を活発化させていきます。しかし、これに反対したボーア人［注：オランダ系入植者の呼称、フランスのユグノー、ドイツのプロテスタントなど宗教的自由を求めてアフリカ南部に定住した白人の総称］との間で、19世紀末には、武力行使による植民地奪取運動が「ボーア戦争」という形で勃発したのでした。

アパルトヘイトに関する最初の基本的文書となったものは、1913年の「原（先）住民土地法」で、これはアフリカ人の居住地を定めたものでした。この法により、アフリカ人による土地の所有や利用は全国土の1割に過ぎない土地に制限されたのです。この法案は、1923年に「都市地域法」という形で実現されます。これに伴って、白人専用地区と黒人指定居住地区に区別されました。さらに、1931年にできた「土地分配法」では、人口の9割を占めるアフリカ人を、国土の3割に過ぎない不毛な土地に追いやりました。

人種差別が加速したのは、1948年にボーア人が政権を握ってからのことで、南アフリカでは、一気に人種隔離政策が促進されました。その結果として、1950年前後には多くの隔離的法律が制定されました。

いくつか例を挙げましょう。「雑婚禁止法」（1949）は、人種の違うもの同士が結婚することを禁じた法律で

す。次に「人口登録法」(1950) は、16 歳以上が身分証の作成を義務付けられたもので、白人が最上位に、黒人が最下位に位置づけられるなど 4 段階に区分された身分証が発行されるという法律です。「隔離施設留保法」(1953) は、レストランやトイレといった公共施設において人種別に分けられ、それに違反すると黒人は罰せられるといった法律です。加えて、「バンツー教育法」(1953) により、黒人の教育の機会が制限される法律までできたのです。

教育の点に関して述べれば、イギリスの支配下に置かれていたケニアといった国においては、イギリスの言語(すなわち英語) や文学、歌などを学校教育において施し、キリスト教主義を教えました。この主な目的の 1 つは、帝国主義に従順に従う土着のエリート階層を作ることでした。

こうした法律が作られる前の南アフリカでは、根強い人種差別はあったものの、法的な処罰にまでは至らなかったのですが、上記の法律ができたことにより、違反したものを法的に裁くことが可能になったのです。

そうした混沌とした時期に、マンデラは働き盛りの 30 代を迎えます。1950 年には、マンデラは ANC 青年同盟議長となり、人種差別廃止のために、はじめは非暴力という形で力を尽くしたのでした。

しかし、マンデラは、1960 年 3 月 21 日に起きた「シャープビル虐殺事件」という、政府が黒人に銃口を

向け、250人近い死傷者を出した事件をきっかけに、人種差別撤廃の運動を武力行使という形で推進することを決め、それを実行しました。その結果、1964年には国家反逆罪で逮捕され、その後、27年の長きにわたり、収監されるに至りました。

収監中の1970年には「ホームランド市民権法」が制定され、黒人を一定の居住地（ホームランド）に強制移住させ、国家として独立できるようにしました。一見、これは、黒人の自由への第一歩と肯定的に捉えられがちですが、それまでの凄まじいまでの差別が存在したことから、実質的には独立は難しい状況だったのです。それにもかかわらず、独立させようとしたことに対して、国際的な非難を浴びました。

その後、1976年6月16日には、「ソウェト蜂起」が起きます。この背景には、政府がすべての教科をアフリカーンス語［注：1652年にオランダの植民地となった際にもたらされたオランダ語をもとにして作られた語です。ちなみに、アパルトヘイトという語はもともとアフリカーンス語です］で教えることを決定したという事実がありました。これは、すなわち、この言語を知らない人は教育を満足に受けられないということを意味したのです。

これに対して、黒人たちはデモ行進を行なったのですが、デモに参加した人々に白人警官が発砲します。そこで、不運にも、13歳の少年が亡くなります。それに怒った市民が抗議活動に加わり、大きな暴動となったのが

第 6 章　ネルソン・マンデラ

「ソウェト蜂起」です。黒人に対する発砲の模様を捉えた写真が世界的に公開されたことをきっかけにして、南アフリカ政府に対して国際世論を巻き込む非難が多数寄せられました。

　そして、徐々に、国際的な世論はマンデラに味方をしはじめます。1952年以降、国連総会では反アパルトヘイト決議を毎年採択するに至るなど、国際的組織である国連によるアパルトヘイト廃止に向けた運動が活発化します。

　時を同じくして、アメリカでは、「ローザ・パークス事件」（第4章　4.3.「名演説の裏話」を参照のこと）をきっかけに第8章で取り上げるマーティン・ルーサー・キングを中心にした黒人人権運動が本格化するのでした。これをパン・アフリカ主義（Pan-Africanism、注：全世界に住むアフリカ系住民の解放と連帯を訴えた思想のこと。Pan-とは「全」を意味する接頭辞）の一例と捉えることができるでしょう。

第7章
アウンサンスーチー
——ノーベル賞受賞演説

　本章で取り上げるのは、ミャンマーの野党・国民民主連盟（NLD、National League for Democracy）党首、アウンサンスーチー（Aung San Suu Kyi, 1945-）による、2012年6月16日にノルウェーの首都オスロの市庁舎で行なわれたノーベル賞受賞演説です。

　実は、同氏が実際にノーベル賞を授与されたのは、2013年よりもはるか前の1991年10月のことなのです。アジア人女性としては初の受賞となり注目を集めましたが、受賞時には自宅軟禁に処されていたため、式には出席できず、21年後の演説となったわけです。

　そのかわり、当時は、夫と2人の息子が授賞式に出席し、長男アレクサンダー（Alexander Aris Myint San Aung, 1973-）が母親の代理として演説を行ないました。

162

当時18歳だったにもかかわらず、非常に堂々とした、心打つ演説でした。その模様は、ノーベル財団のホームページで見ることができます。

時を経て、2012年にアウンサンスーチー本人が行なった演説では、同氏は母国語ではないにもかかわらず、大変格調高い英語で話しています。したがって、英語を母（国）語としていない私たちにとって、目標としたい演説の1つと言えるでしょう。

ノーベル賞受賞演説の模様（写真：ロイター＝共同）

現在、同氏は、非暴力で民主化と人権のために戦ってきた活動家として世界的に知られています。

7.1. アウンサンスーチーの生い立ちと演説の背景

アウンサンスーチーは、ビルマ（現在のミャンマー）

の独立を推し進め、「ビルマ建国の父」として、今でも多くの国民に尊敬されるアウンサン将軍［注：Aung San, 1915-1947］の娘として、1945 年、ラングーン［注：以前のミャンマーの首都、ヤンゴンの旧名。現在の首都はネピドー］に生まれます。

若き日のアウンサン将軍

ところで、アウンサンスーチーという名前についてですが、ビルマ人には一部の少数民族を除いては、家族名（いわゆる、姓）がないので、アウンサンスーチーで1つの名前ということになります（注1）。ですから、日本で「スーチーさん」とか「スーチー氏」と呼んでいるのですが、この呼び方は正確には間違いなのです。その代わり、親しみを込めて現地の人などは「ドー・スー（スーおばさん）」と呼ぶことがあります。

注1　根本・田辺（2012）、山口・寺井（2012）

第7章　アウンサンスーチー

　19世紀以降のミャンマーでは、それまで敷かれていた王政とは異なり、国家の統治形態が何度も変わっています。同氏が誕生した当時、ビルマは日本占領下（1943–1945）にあり、「ビルマ国」と呼ばれていました。それ以前の長期間にわたっては、ビルマは第三次英緬戦争終結後の1886年からイギリスの統治下に置かれました［注：より正確には、イギリス領インドの一州］。日本の占領下でなくなった後の1945年からは、再びイギリスの統治下となり、1948年に「ビルマ連邦（–1974）」として独立を果たすに至ります。この独立の立役者が、父親であるアウンサン将軍だったわけです。

　ところで、アウンサンスーチーの国際色豊かな感覚は、若いころに培われます。15歳になるころ、母キンチー（Khin Kyi, 1912–1988）のインド大使就任に伴ってインドに赴き、高校を卒業後、デリー大学のカレッジの1つで英国式の教育を受けています。それから、英国の名門オックスフォード大学のセント・ヒューズ・カレッジで1964年から1967年にかけて高等教育を受け、そこで、哲学、文学、政治学、経済学などを学んでいました。大学卒業後は祖国に戻らず、しばらく研究助手として大学に残ったあと、ニューヨークにわたり、1969年から1971年の3年間、国連本部で職員として働いていました。このように英語圏で生活し、教育を受けていることから、同氏は英語が堪能なのです。

　加えて、1972年、オックスフォード大学の後輩であ

り、のちに東洋文化学者となった英国人マイケル・アリス (Michael Vaillancourt Aris, 1946-1999) と結婚します。その後、2人の息子をもうけ、イギリスに居を構えて、主婦としての穏やかな生活を送るのでした。しかし、この結婚が、祖国の軍部にとって恰好の攻撃要因となったことは言うまでもありません。また、旧宗主国であったイギリス人男性と結婚するに際して、本人も非常に悩んだというエピソードも残されています。

　また、アウンサンスーチーは日本に住んでいたこともあります。1985年から約1年間、京都大学で客員研究員をしていたからです。京都を訪れた目的は、父のアウンサン将軍やビルマの独立運動に関する資料を調べるためでした。

　父は、若いころに日本軍による軍事訓練を受けたあと、祖国独立のためイギリスと共闘し、抗日武装闘争を行ない、独立を勝ち得たのでした。この功績により、アウンサン将軍はミャンマーでは「建国の父」と呼ばれているのです。しかし、32歳という若さで、銃弾に倒れ、帰らぬ人となります。この時、アウンサンスーチーは2歳でした。

　結婚後、しばらくは主婦としての道をイギリスで歩んでいましたが、1988年、祖国に住む母親が倒れたことから、25年ぶりの一時帰国を果たします。

　この当時、ビルマは混沌とした状況に陥っていました。というのも、ネウィン (Ne Win, 1911-2002) 元首

相・元大統領が推進していた「ビルマ式社会主義」［注：社会主義共和国時代 1962-1988］が徐々に崩壊の様相を呈していたからです。また、ちょうどそのころ、学生のちょっとした喧嘩が発端となり、死者と多数の負傷者を出す大きな暴動へと発展するといったことも起こります。

とうとう1988年には、1962年の軍事クーデターで全権を掌握して以来26年間に及んだネウィンによる独裁が終わりを告げ、「ミャンマー連邦」(1989-2010)としての新しい道を歩みはじめるのでした。

祖国が大きく揺れ動く時期に、「ビルマ独立の父」の娘であるアウンサンスーチーの帰国を知った人々は、表舞台への登場を待ち望み、それに同氏が応えていきます。具体的には、政権に対する批判などを語る演説を行なっていくのです。したがって、アウンサンスーチーが政治の表舞台に登場するのは、1988年のことです。

民主化に向けて非暴力の抵抗と政治活動を続けたアウンサンスーチーでしたが、それが当局の逆鱗に触れ、自宅軟禁を余儀なくされます。こうした中でのノーベル平和賞受賞となったのです。

およそ30分に及んだ演説の前半では、平和賞受賞が「ミャンマーの民主化運動に世界の関心をひきつけた」と謝意を表し、長期にわたる自宅軟禁で経験した「苦痛」についても言及しています。さらに、世界人権宣言(The Universal Declaration of Human Rights) の前文を引

用して、人権を重んじることの重要性を説き、ビルマにおける民主化の必要性も訴えました。

重々しい内容ですが、淡々とした語り口調で話しているのが印象的な演説です。

7.2. 演説から学ぶ
Part 1

以下、演説の冒頭部分からの引用ですが、ビルマと世界に蔓延(まんえん)する苦しみと不和について語っています。

① <u>The Burmese concept of peace can be explained as the happiness arising from the cessation of factors that militate against the harmonious and the wholesome.</u> The word *nyein-chan* translates literally as the beneficial coolness that comes when a fire is extinguished. Fires of suffering and strife are raging around the world. In my own country, hostilities have not ceased in the far north; to the west, communal violence resulting in arson and murder were taking place just several days before I started out on the journey that has brought me here today. News of atrocities in other reaches of the earth abound. ② <u>Reports of hunger, disease, displacement, joblessness, poverty, injustice, discrimination, prejudice, bigotry; these are our daily fare.</u> Everywhere there are negative forces eating away

第 7 章　アウンサンスーチー

at the foundations of peace. Everywhere can be found thoughtless dissipation of material and human resources that are necessary for the conservation of harmony and happiness in our world.

引用元　The Nobel Foundation 2012
映像の URL
http://www.nobelprize.org/mediaplayer/index.php?id=1809

【全訳】

　ビルマ人の平和に対する考え方というのは、調和と健全さを阻む要因を停止することから生じる幸福として説明することができます。「涅槃(ねはん)」という言葉は、字義的には、（煩悩の）火が消える時に生じる効果的な涼しさと訳されます。苦しみと不和の火は、世界中で燃え盛っています。私自身の国でも、はるか北部地域では、武力衝突は止(や)んではいません。西部地域では、放火と殺人をもたらした対立民族間の暴力が、ここに来るために出発した旅の数日前に、起こったばかりでした。地球上のほかの広い地域で起こっている残虐行為のニュースは、あちこちにあふれています。飢餓、病気、失踪(しっそう)、失職、貧困、不義、差別、偏見、敵対感情に関する報告は、私たちにとっては日常の出来事なのです。平和の基盤を食い尽くす否定的な力は、どこにでもあります。私たちの世界において、協調と幸福を維持するために必要不可欠な

169

物質的及び人的資源を思慮なく浪費することも、どこにでもあるのです。

【語注】

Burmese...peace ビルマ人の平和に対する考え方、arising from 〜から生じる、cessation 休止、停止、militate against 〜を阻む、the harmonious...wholesome 調和と健全さ、nyein-chan 涅槃（ねはん）[注：迷いの燃え盛る火を完全に消し、悟りに入った境地]、literally 字義的には、beneficial coolness 効果的な涼しさ、when...extinguished （煩悩の）火を吹き消した時、Fires...raging 苦しみと不和の火は燃え盛っている、hostilities...ceased 武力衝突は止んでいない、communal violence 対立民族間の暴力、arson and murder 放火と殺人、atrocities 残虐行為、abound あふれている、displacement...bigotry 失踪・失職・貧困・不義・差別・偏見・敵対感情、daily fare 日常の出来事、eating...at 〜を食い尽くす、thoughtless dissipation 思慮ない浪費、conservation of 〜の維持

【発音注】

Burmese [バーミーズ]、cessation [セセィシュン]、militate [ミリテイトゥ]、wholesome [ホゥルスム]、extinguished [イクスティングウィッシュトゥ]、strife [ストゥライフ]、raging [レイジングゥ]、hostilities [ホスティリティズ]、ceased [シーストゥ]、arson [アースン]、

atrocities［アチュロシティズ］、abound［アバゥンドゥ］、poverty［パヴァティ］、bigotry［ビガチュリ］、dissipation［ディシペィシュン］

名演説の中の名台詞（11）

Everywhere there are negative forces eating away at the foundations of peace.
「平和の基盤を食い尽くす否定的な力は、どこにでもあります」

【解説】

　まず、ここでは、everywhere という副詞が語頭に来ているため、「世界のあらゆるところで」という意味を強調していることがわかります。副詞は、置く場所によって、ニュアンスが変わってくるということを覚えておきましょう。そして、次の文も everywhere で始まっている点に注目しましょう。このように文頭を同じ語でそろえて繰り返すことによって、リズム感が良くなるという利点もあります。

　次に、ここでの「否定的な力 (negative forces)」は前文の中にある hunger, disease, displacement, joblessness, poverty, injustice, discrimination, prejudice, bigotry（飢餓、病気、失踪、失職、貧困、不義、差別、偏見、敵対感情）を指していることが文脈から推測でき

ます。

　この negative forces という言葉から、アウンサンスーチーが考える「平和の基盤」がどういったものかということがよく伝わってきます。つまり、上記の「否定的な力」を根絶することが「平和の基盤」をなすということになるのです。また、アウンサンスーチーがあえてこれらに言及したということは、すなわち、世界でこうした問題に苦しんでいる人は多いということなのです。

　では、具体的にはどれくらいの数の人々が、こうした問題で苦しんでいるのでしょうか。その中でより深刻な問題である飢餓、病気、貧困を例にとって見てみましょう。

　2011年から2013年の間において、国連食糧関連の3機関によると、世界の約8億4200万人、つまり8人に1人が飢餓状態にあると報告されています。また、国連難民高等弁務官事務所（UNHCR）によると、難民キャンプなどで深刻な問題となる病気には、マラリア、HIV/AIDS、コレラ、肺炎、はしか、栄養失調などがあり、これらの疾病は致死率が高いのが特徴です。

　また、世界銀行（World Bank）によると、一日1.25米ドルで生活している貧困層［注：これを「最貧困層ライン」と呼び、貧困層を示すボーダーラインとして使用されています］が、2010年では世界の人口の20.6%を占

> め、その数は 12 億人に及ぶと報告されています。この割合は、1990 年の 43.1%、19 億人と比べると減ってはいますが、いまだに世界の 5 人に 1 人が貧困層に属することがわかります。そこで、世界銀行は、2030 年までには最貧困層ラインを下回る人々の割合を 3% 以下にすることを目標に掲げて活動を行なっています。
>
> このような数例をとっても、いかに「否定的な力」が世界規模での問題であるかがわかります。そして、「そうした問題と比べると自分の置かれている立場は恵まれている」とアウンサンスーチーは口にするのです (注2)。

✓ 英語力向上の極意

極意 (1)　キーワードを主語にする

下線部①の The Burmese concept of peace can be explained as the happiness arising from the cessation of factors that militate against the harmonious and the wholesome. という文では、the Burmese concept (of peace) が主語で、動詞は can be explained の受動態になっています。

ところで、日本の中学校や高校の英語の授業において、**受動態**と**能動態**では、「形が異なるだけで、指し示す意味は同じである」と教えることがあるのですが、実

注2　アウンサンスーチー (2011)

際には、やはり、形が異なれば、意味も異なることは言うまでもありません。

言い換えれば、話者（作者）の心理的な意図が、受動態と能動態では異なるということです。つまり、話者（作者）は主語に重きを置いているわけです。もちろん、話者の心理的な意図だけでなく、英語では主語が補語や目的語より長いことを嫌う傾向にあるという英語自体の性質もあるのですが、ここでは、心理的な意図がより働いていると考えられます。

では、ここで、以下の2文を比べてみましょう。

（受動態）The Burmese concept of peace can be explained as the happiness arising from the cessation of factors that militate against the harmonious and the wholesome.（ビルマ人の平和に対する考え方というのは、調和と健全さを阻む要因を停止することから生じる幸福として説明されることができます）

（能動態）We can explain the Burmese concept of peace as the happiness arising from the cessation of factors that militate against the harmonious and the wholesome.（私たちは、ビルマ人の平和に対する考え方を調和と健全さを阻む要因を停止することから生じる幸福として説明できます）

第7章　アウンサンスーチー

　前者は、「ビルマ人の平和に対する考え方」が主語で、後者は、「私たち」が主語になっています。英文並びに試訳を読むと、両方の文において、ニュアンスが異なることがおわかりいただけるのではないでしょうか。

　このように、主語に話者（作者）の心理的な主眼がおかれるということを心にとめて、場面によって能動態と受動態を使い分けると効果的です。

極意（2）　語の並列を示すイントネーション

　次に、**語句が並列した時のイントネーションに着目します**。イントネーションというのは、話者の心理的な態度、文法的機能など、多くのことを示してくれるということについては、第5章「英語力向上の極意（4）」ですでに言及しました。

　例えば、A, B, C (and) D と4つの名詞が並列している際には、最初の3つの語尾のイントネーションは上げて（上昇調）、最後の単語の語尾だけ下げる（下降調）ように読みます。そうすることによって、4つの選択肢があることを示唆しているのです。

　ですから、下線部②では、矢印の方向で以下に示すようなイントネーションで読むことが大切です。ですから、Reports of hunger ↗, disease ↗, displacement ↗, joblessness ↗, poverty ↗, injustice ↗, discrimination ↗, prejudice ↗, bigotry ↘; では、最後の単語 bigotry のみが下降調で終わる点に注意してください。

175

☞極意を使う（11） 並列のイントネーションをマスターする

前述の「英語力向上の極意（2）」で説明した「語の並列を示すイントネーション」をマスターしましょう。イントネーションを正しく使わないと、違った意味を聞き手に伝えてしまいますので、注意が必要なのです。

例えば、飛行機の中でキャビンアテンダントが Fish ↗ or meat ↘ . のように、fish の後半でイントネーションが上がり（上昇調）、meat の後半でイントネーションが下がる（下降調）場合には、「魚か肉」の二者択一であることを表わしています。しかしながら、Fish ↗ or meat ↗ . のように、meat の後半も上がるイントネーション（上昇調）の場合には、「魚と肉のほかにも用意がある」ことを示唆しているのです。

つまり、語が並んでいる場合、並列している最後の語のイントネーションを上げるか、下げるかによって、選択肢の数が変わってくるのです。よって、意味の伝達という観点では、この点は極めて重要なのです。

矢印にしたがって、正しいイントネーションで、話者の意図するニュアンスを伝える練習を以下で行なってみましょう。

（例文）
① Would you like pasta ↗ or pizza ↘ ?（パスタかピザ、どちらがいいですか）

② Would you like pasta ↗ or pizza ↗? (パスタやピザ<u>など</u>、何がいいですか)
③ Our new model is available in red ↗, blue ↗ and brown ↘. (新型は赤、青、茶があります)
④ Our new model is available in red ↗, blue ↗ and brown ↗. (新型は赤、青、茶<u>など</u>があります)
⑤ Our company has several subsidiaries in France: Paris ↗, Nice ↗, Marseille ↗ and Cannes ↘. (弊社はフランスのパリ、ニース、マルセイユ、カンヌに子会社があります)
⑥ Our company has several subsidiaries in France: Paris ↗, Nice ↗, Marseille ↗ and Cannes ↗. (弊社はフランスのパリ、ニース、マルセイユ、カンヌ<u>など</u>に子会社があります)

英語学習者の中には、並列を示す場合に、語末をすべて下降調のイントネーションで発話する人や、すべてが上昇調のイントネーションになる人がいます。しかし、そうしたイントネーションを使ってしまうと、自分が意図している意味とは異なるニュアンスを聞き手に伝えてしまうということを覚えておきましょう。

極意（3） 難解な語を使用する際の注意点

今回の演説には、難解な単語がところどころ含まれています。こうした場合、ともすると理解しにくい印象を

聴衆に与えることが多いものです。しかし、アウンサンスーチーは、ゆっくりと**短い間隔で文章を区切り**ながら丁寧に話していることが、実際の演説からわかります。こうすることによって、聞き手にとっては、たとえ難しい単語が使われていても、理解しやすく、情報の整理が容易になるのです。

例えば下線部①では、/ のところで区切っています。

The Burmese concept of peace / can be explained / as the happiness / arising from the cessation of factors / that militate against / the harmonious / and the wholesome.

他の箇所に関しては、できれば実際の映像を見ながら、**区切り**の部分を参考にしてみるとよいでしょう。通常よりもかなり細かく区切っていることがわかります。

ところで、区切りの入れ方には、厳密なルールがあるわけではありません。別紙（G）ということは、下線部①の冒頭部分では、peace と can の間で区切らなくてもよいわけです。

しかしながら、区切る場合には、**文法的な構造に配慮して行なう必要があります**。主語の後であれば、副詞句の前後などで区切るのが一般的です。逆に言えば、副詞句の中で区切るのは不適切であるということになります。例えば、in the United / States といったように、

Unitedの直後で区切りを入れることは一般的ではありません。もちろん、特別な意図をもってそのように区切る場合には、この限りではありません。

　前述のように、発話を細かく区切るという技法によって、聞き手は発話を理解しやすくなるというメリットがあります。実際に、私たちが話す際にも、この「細かく区切る」というテクニックは応用が可能ですし、これによって英語で効果的に意図を伝えることができるのです。

　これには理由があります。というのも、多くの日本人にとっては、「外国語の発音」というハンディを背負っていることが多いものですが、そのハンディに加えて、区切りを入れないで早口で話し続けると、聞き手にとっては、大変聞きづらいことがあるからです。他方、話者側は、「早く話すと英語がうまく聞こえる」と誤解していることもあるので、英語がなおさら通じにくくなるのです。

　ですから、私たちが発話する際に、明確に、かつ細かく区切りを入れることも、聞きづらさを回避するための1つの手段となるのです。

Part 2

　以下の引用箇所は、平和を構築するために必要となる不断の努力と、思いやりの大切さについて語った部分です。「ちょっとした思いやりであっても、沈んだ心を軽くすることができます」という件(くだり)は、人の心を打つ一

節ではないでしょうか。

Even if we do not achieve perfect peace on earth, because perfect peace is not of this earth, common endeavours to gain peace will unite ① individuals and nations in trust and friendship and help to make our human community safer and kinder.

I used the word "kinder" after careful deliberation; I might say the careful deliberation of many years. Of the sweets of adversity, and let me say that these are not numerous, ② I have found the sweetest, the most precious of all, is the lesson I learned on the value of kindness. ③ Every kindness I received, small or big, convinced me that there could never be enough of it in our world. To be kind is to respond with sensitivity and human warmth ④ to the hopes and needs of others. Even the briefest touch of kindness can lighten a heavy heart. Kindness can change the lives of people. Norway has shown exemplary kindness in providing a home for the displaced of the earth, offering sanctuary to those who have been cut loose from ⑤ the moorings of security and freedom in their native lands.

引用元　The Nobel Foundation 2012

第7章　アウンサンスーチー

【全訳】

　たとえ地上で完璧な平和を達成できなくても、なぜなら完璧な平和というものはこの地上には存在しないわけですが、平和を得ようとする共通の努力は、個人と国家を信頼と友情で結びつけるとともに、人間社会をより安全で、より親切なものにする一助となるでしょう。

　注意深く考えた末に、私は「より親切な」という言葉を使いました。私は、ひょっとしたら、長い年月にわたり、注意深く考えてきたことについて、語らなくてはならないかもしれません。逆境の中で見つけた喜びの中で、これらの数は多くないのですが、私はすべての中で最も甘く、最も貴重なものは、親切の価値について学んだ教訓であることがわかりました。私が受けたありとあらゆる親切は、大なり小なり、私たちの世界においては、いくらあってもありすぎることはないということを確信させました。親切であるということは、他人の望みと必要性に対して、思いやりと人間的な温かさをもって応えることです。ほんの少しの親切であっても、重い心を軽くすることができるのです。親切であることは、人々の生活を変えることができるのです。ノルウェーは、地球上で行き場をなくしてしまった人々に家を与えるという他の模範となる親切さを示しています。つまり、ノルウェーは、祖国においての安全と自由のよりどころとなるところから切り離されてしまった人々に対す

る避難所を与えているのです。

【語注】

common endeavours 共通の努力、unite 結びつける、after...deliberation 注意深く考えた末に、Of...adversity 逆境の中で見つけた喜び、not numerous 数多くはない、lesson 教訓、kindness 親切、respond 応える、sensitivity 思いやり、warmth 温かさ、lighten 軽くする、exemplary kindness 他の模範となる親切さ、sanctuary 避難所

【発音注】

endeavours［インデヴァズ］、deliberation［ディリバレィション］、adversity［アドゥヴァーシティ］、exemplary［イグゼンプラリィ］、moorings［ムァリングズ］

名演説の中の名台詞（12）

To be kind is to respond with sensitivity and human warmth to the hopes and needs of others.

「親切であるということは、他人の望みと必要性に対して、思いやりと人間的な温かさをもって応えることです」

【解説】

文法的には、主語（To be kind）と補語（to respond

〜)の両方において、to 不定詞の名詞的用法が使われています。このように、不定詞の名詞的用法を使用することによって、小気味の良い、洗練された印象を聞き手に与えています。

　次に、意味に目を向けてみましょう。これは深い言葉です。ここから思い浮かべるのが、昨今の各国による支援です。というのも、現在、さまざまな支援が各国・各地で行なわれているからです。しかし、この支援は果たして支援相手国にとって「親切」なのでしょうか。

　例えば、日本は「政府開発援助（ODA、Official Development Assistance)」において、多額のお金をビルマに支援していたことがあります。これは 1954 年にビルマと結んだ「日本・ビルマ平和条約及び賠償・経済協力協定」の一環として行なわれたわけですが、実質的には「戦後賠償」という意味合いがあったようです。

　2013 年、26 年ぶりにビルマに対する 510 億円に及ぶ円借款が再開されるという事案がニュースで発表されてから、再びこの ODA が国際的に注目を集めています。

　1990 年代、日本は ODA の対外支援額では、世界第一位であったことがあります。しかし、この ODA はさまざまな点で批判されたことがあるのも事実なのです。例えば、秘密主義で情報開示がなされていない、

大企業の利権が絡んでいるなどです。こうしたことから、不名誉にも、この ODA が本来の国際支援とはかけ離れたあだ名で、「Okane Dake Ageru（お金だけあげる）」と揶揄されたことがあります。これは、まさしく、他人の望みと必要性を鑑みていない結果から生じたものと言えるでしょう。

そういった意味で、アウンサンスーチーの言う「思いやりと人間的な温かさ」が歪曲した形での支援となっていないかということを支援国である日本をはじめとする各国は再考する必要があるのではないでしょうか。この台詞は、国際的な支援の在り方、ひいては個人レベルでの親切の在り方を考えさせる一節です。

ところで、アウンサンスーチーの「親切」に対する考え方は、「慈愛と憐れみ」という仏教的な価値観に基づいています。彼女自身、自分はミャンマー国民の9割が信奉する上座部仏教徒であると答えています(注3)。

✓ 英語力向上の極意
極意（4） and を使いこなす

ここでは、and が使われた際の語句の区切り方に注目してみましょう。and は、文法的には、**等位接続詞**と呼ばれ、同種の品詞を対等な関係で結び付ける役割をします。したがって、この点を考慮して、区切りを入れる必要があります。

注3　アウンサンスーチー（2000）

例えば、下線部① ...individuals and nations/ in trust and friendship/ and help to make our human community safer and kinder. では、太字で示したように、名詞と名詞、形容詞の比較級がそれぞれ and で結ばれています。このような場合には、同じ品詞同士の後にポーズ（小休止）を入れてみましょう。聞き手にメッセージが確実に伝わるはずです。

下線部④ ...to the hopes and needs of others. や下線部⑤ the moorings of security and freedom も同様です。

極意（5）　挿入を音声で示す

次に、句が**挿入**された場合のイントネーションにも気を付けましょう。

下線部② I have found the sweetest, the most precious of all, is the lesson と、下線部③ Every kindness I received, small or big, convinced me においては、カンマとカンマの間、つまり前者では the most precious of all と後者では small or big が**挿入句**に相当します。

しかし、演説やスピーチは書き言葉ではなく、話し言葉なので、イントネーションを使って、挿入であることを音声で聞き手に知らせる工夫が必要になります。それには、カンマの前の単語（最初の例なら sweetest と all、2番目の例では received と big）の語尾を少し上げて、挿入部分から次の部分へとつなげることが重要になってきます。

ただし、演説では、挿入句も下降調で読まれる場合があります。

☞極意を使う（12） 挿入句のイントネーション

話し言葉では、ふとした時に、あるいは情報を付け足す際に、気軽に挿入句を入れて、話を続ける場合があります。ただし、「英語力向上の極意（5）」で記述したように、それが挿入句であることを音声で、つまりイントネーションで示さなくてはなりません。

矢印の方向に注意しながら、挿入句のイントネーションの練習をしてみましょう。

〈例文〉

(1) My brother ↗, a medical doctor ↗, now lives in London ↘.（兄がね、医者をしているんだけど、現在、ロンドンに住んでいるんだよ）

(2) Smith and River ↗, the company based in Seattle ↗, was established in 1952 ↘.（スミス＆リバーは、シアトルをベースとする会社ですが、1952年に設立されました）

(3) Shinya Yamanaka ↗, a Nobel Prize Winner in Physiology or Medicine ↗, is famous for iPS cell research ↘.（山中伸弥氏は、ノーベル生理学・医学賞受賞者ですが、iPS細胞研究で有名です）

挿入句（E.g. (1) では a medical doctor）において下降調といった誤ったイントネーションを使ってしまうと、そこで文が切れている印象を与えかねませんので、注意が必要です。

7.3. 名演説の裏話「アウンサンスーチーの自宅軟禁」

1988年、母が倒れたことによって、ビルマへの帰国を果たしたアウンサンスーチーですが、その後の運命は一転します。この時の様子を夫は以下のように語っています（アウンサンスーチー　2011:66）。

「僕たちのこの幸福に満ちた生活が永遠に終わろうとしている虫の知らせのようなものを感じた」

実際、夫のマイケルは、晩年、前立腺癌を患い、1999年3月27日53歳の若さで逝去します。しかし、残念ながら、その死に目に、アウンサンスーチーが立ち会えることはありませんでした。人道的な配慮を求めるよう、当局に掛け合った人の中には、多くの著名人が含まれていました。その中には、イギリスのチャールズ皇太子もいたのですが、願いが叶えられることは、最期までありませんでした。

アウンサンスーチーが母の看病のために帰国した1988年8月、ヤンゴン中心部にある寺院シュエダゴン・パゴダで最初の公開演説をし、そこで政治活動を始

める立場を初めて明らかにしました。ここから、アウンサンスーチーが祖国ミャンマーの民主化運動に関わっていくのです。その場には、「建国の父」であるアウンサン将軍の娘の登場を待ち望んでいた聴衆が集まり、その数は50万人に及んだと言われています。

しかし、ネウィンがトップの座を退いたとはいえ、ネウィンの影響が色濃く残った軍部の国家法秩序回復評議会（SLORC、State Law and Order Restoration Council）は、アウンサンスーチーの政治的な活動に憤慨し、1989年7月からアウンサンスーチーを自宅軟禁に処し、第1回目の軟禁は1995年7月まで続いたのです。こうした中でのノーベル平和賞受賞となりました。この受賞によって、世界の人々の目がミャンマーに向くことをアウンサンスーチーは大変喜んでいたようです。

その後、再び、第2回目の自宅軟禁を余儀なくされ、軟禁は2000年9月から2002年5月まで続きます。それから2003年5月から2010年11月までの期間、第3回目の自宅軟禁に処せられます。したがって、途中で中断していた時期があるものの1989年から2010年までの合計21年間、より正確には、その間の15年2か月にわたって自宅軟禁状態にあったわけです。

では、自宅軟禁中、アウンサンスーチーは、どのような生活を送っていたのでしょうか。

自宅軟禁中は、規則正しい生活を送っていました。具体的には、朝は4時過ぎくらいに起床し、瞑想をし、6

時くらいにラジオに合わせて体を動かし、朝食をとってから、読書をしたり、家の掃除をしたりして過ごしていたのです。そして、英国のBBCやアメリカのVOAといったラジオから世界の情勢についての情報を得ていました(注4)。

家族との連絡も、最初の1年目は手紙でとっていたようですが、2年目からは自分の判断で、連絡をしなくなりました。というのも、当局が自由を保証していると世論に解釈されることが、民主化運動を促進しないと考えたからです。

また、当局からの「施し」を受けることを拒み、自分の家の調度品を売って、お金を得ていたこともあったようです。しかし、実際には、売却をお願いした警備担当者が、家財を売ることなく、別の場所に保管し、代わりに代金を用立ててくれていたのです。

このように、軟禁中、資金に困窮し、栄養失調状態に陥ったことや、ストレスによって髪が抜け落ちたり、弱ってベッドから出られなくなったこともあったのです(注5)。

しかし、山口・寺田(2012)によると、自宅の敷地は1エーカー(約1224坪)で、お手伝いさんと警護の人間もいるので、私たちが考える「窮屈な場所での軟禁状態」とは異なるかもしれません(注6)。

注4　アウンサンスーチー(2011)
注5　アウンサンスーチー(2011)

また、軟禁中でも、政権担当者に電話をすることができる環境にありましたし、海外に出国することもできたのです（注7）。そういった意味では、第6章で紹介したマンデラ元南ア大統領の収監とは、質を異にすることがわかります。しかし、実際には、出国すると再入国が拒否される恐れがあったことから、アウンサンスーチーは国外に出国することはありませんでした。これは、夫が癌に冒され死の床にあった時も同様でした。

　苦難の時を経て、2010年に自宅軟禁が解かれてからのアウンサンスーチーの動向には世界が注目しています。アウンサンスーチーと同氏の率いるNLDが、2012年の補欠選挙で圧勝するなど、ミャンマーが目覚ましい変貌を遂げている様子がニュースで伝わってきます。

　また、国家としての大きな変化と言えば、2010年には、「ミャンマー連邦共和国」としての新しいスタートを切りました。しかし、民主国家までの道のりは、まだまだ長いと言えるでしょう。一例を挙げると、現行の法律では、外国籍の家族がいるアウンサンスーチーは大統領職に就けないなど、民主国家では考えられない制約が多いという現状があるのです。

　今後のアウンサンスーチーの動向と発言から目が離せません。

注6　山口・寺田（2012）
注7　ポパム（2012）

第Ⅲ部

心揺さぶる世界の名演説

　第Ⅲ部では、人々の心を揺さぶった名演説を紹介します。第8章でキング牧師の「ワシントン大行進演説」を、第9章ではスティーブ・ジョブズ元アップルCEOの演説を取り上げます。

第8章
マーティン・ルーサー・キング
——ワシントン大行進演説

　この章では、「米国の公民権運動の父」と言われたマーティン・ルーサー・キング・ジュニア（Martin Luther King Jr., 1929-1968）牧師が行なった中で、最も有名な演説の1つである「ワシントン大行進演説」を紹介します。
　"I have a dream."という、演説の中の一節としては、もっともよく知られた台詞を含み、名演説中の名演説と評される演説です。今でもこの一節は世界各国で繰り返し引用されたり、使われたりしますので、演説自体を知らなくても、この台詞だけは知っているという方も多いのではないでしょうか。
　また、この演説とキングの思想・活動は、第4章で取り上げたオバマ大統領にも多大な影響を与えました。

例えば、オバマ大統領が2009年にノーベル平和賞を受賞した際に、演説の冒頭で、キング牧師の名前を出して、その功績を称(たた)えたことがあります。

8.1. キング牧師の生涯と演説の背景

　キング牧師は1929年1月15日にジョージア州アトランタのオーバン・アベニューにバプティスト派の牧師の息子として生まれました。当時のアフリカ系アメリカ人［注：いわゆる「黒人」。当時の概念を反映して、以下、黒人と呼びます］は、経済的に貧しい人が多い中で、キングの家は比較的恵まれた中産階級でした。父は、牧師のほかに、アトランタ大学の理事をしたり、銀行の取締役をしたりしていましたので、地域の黒人の間では、有力者として一目を置かれていた存在だったのです。

　そういったこともあって、キングは、当時の黒人としては、高い教育を受ける機会に恵まれました。1944年、15歳の時に、ジョージア州アトランタにある黒人のための大学であったモアハウス大学 (Morehouse College) に飛び級で入学し、1947年に父と同様にバプティスト派の牧師の資格を得ます。

　それから、1948年に社会学の学位を得て、ペンシルバニアのクローザー神学校 (Crozer Theological Seminary) に入学し、1955年にボストン大学神学部で博士号を取得します。在学中の1953年に、コレッタ・スコット・キング (Coretta Scott King, 1927-2006) と結婚

し、のちに4人の子供をもうけます。

ところで、キングが人種差別を意識するようになったのは、いつごろのことでしょうか。他の黒人同様に、キングも幼少のころから、人種差別を経験します。記憶に残っている人生最初の差別は、6歳の時でした。それまで分け隔てなく遊んでいた白人の友達と遊べなくなったり、店で差別を受けたりといったことが重なっていきます。こうした数々の経験が、人種差別撤廃に向けた運動の礎となったことは、容易に想像できます。

キングは、成人してから、牧師としての活動を行ないながら、「ジム・クロウ法」[注：Jim Crow law (1876–1964)、アメリカの南部の州法で、黒人による一般の公共施設の利用を制限した法律のことを言う] によるバスの座席、飲食店、学校などに根強く残っていた人種隔離政策の撤廃を求めて活動を始めたのは、1950年代半ばのことでした。

そのきっかけとなったのが、教会の牧師をしていたモンゴメリーにおいて、1955年12月に起こった「ローザ・パークス事件」[注：第4章　4.3.「名演説の裏話」を参照のこと] なのです。これに抗議するために、キング牧師は「モンゴメリー・バス・ボイコット事件」を指導します。381日にも及んだ「モンゴメリー・バス・ボイコット事件」とは、前述の「ローザ・パークス事件」に憤慨した黒人たちが、公営バスに対して行なったボイコット運動のことです。

第 8 章　マーティン・ルーサー・キング

　現在のように、インターネットといった世界中にメッセージを一瞬で送れるシステムがあるわけではありませんので、関係者は運動を知らせるために、4万枚のチラシを配るなど地道な宣伝活動を行ないました。そうした活動に賛同した多くの人が、一致団結して、タクシーや自転車を使う、歩く、車を所有している人に乗せてもらうといった手段を取ったのです。

　この小さな運動が大きな実を結ぶ時が来ます。それは、翌年の 1956 年、連邦最高裁判所より、公営バスでの人種分離が違憲であるという判断が下ったのです。これは、ボイコット運動が導いた「法的な勝利」という成果物と言えるでしょう。したがって、この瞬間、キングは、非暴力による勇敢な抵抗運動と法的な根拠の2つによって、社会運動での勝利を手中に収めたのでした。一連の行動によって、黒人が団結すれば政治活動に参加できることを証明したのです。

　しかし、実際には、差別主義者たちによる黒人差別は「暴力」といった形で、各地で勃発していました。キング牧師もその標的となったことは言うまでもありません。ある日のこと、妻と幼子の在宅中に爆弾が爆発するといった事件が起こります。しかし、それにもかかわらず、キングは一貫して「非暴力による運動」を訴えたのでした。

　1957 年には、アメリカ南部 10 州の牧師たちが集まって、「南部キリスト教指導者会議（SCLC、Southern

195

Christian Leadership Conference)」が結成され、キングはその会長に指名されます。この組織は、非暴力を通じての人種差別撤廃運動を推進することを目的として結成されましたが、その背景には、1909年にアメリカで最も古く歴史のある有色人種の向上組織として設立された「全米有色人種地位向上協会（NAACP、National Association for the Advancement of Colored People)」よりも、積極的なアプローチを行なうことを目的として、設立されたという経緯があります。その後も、キングを中心としたさまざまな活動が各地で行なわれました。

ついに、1963年8月28日、首都ワシントンDCで人種差別撤廃を求める大行進［注：「ワシントン大行進（March on Washington for Jobs and Freedom)」と呼ばれます］を率いた際、リンカーン記念堂前［注：82ページ地図を参照のこと］において、"I have a dream." (私には夢がある) という歴史的演説を行ないました。この場所は、"all men are created equal" といったリンカーン［注：第2章　参照のこと］を記念して造られました。

当日は、全米各地から集まった観客は25万人［注：その数はもっと多いという説もあります］に及びました。そのうち5万人は白人だったと言われます。また、三大ネットワーク・テレビがこれを放映したため、アメリカ全土の何百万人という人々がこの模様を目にしました。この演説によって、キングは、当時大統領であったジョン・F・ケネディ［注：第3章　参照のこと］と議会

に人種差別撤廃を訴えようとしたのです。

ワシントン大行進演説時のキング (写真：TopFoto／アフロ)

このように、キングは、公共施設から交通機関に至るまで、白人と黒人を厳しく隔てる差別に対して声をあげた象徴的な指導者で、非暴力主義に基づいた抗議活動を提唱し、黒人の法的地位向上の実現に尽力しました。

こうした地道ですが積極的な活動が実を結び、1964年、「公民権法（Civil Rights Act）」と、翌年1965年に「投票権法（Voting Rights Act）」が制定されます。これにより、アメリカにおける人種差別が法的には終わりを告げるのでした。

「米国の公民権運動の父」と呼ばれたキングは、1964年、ノーベル平和賞を受賞しました。これは最年少受賞で、アフリカ系アメリカ人としては史上3人目の受賞という快挙となりました。

しかし、1968年、テネシー州メンフィスのモーテルのバルコニーに立っていた時に、白人の男に射殺されてしまいます。享年39歳という若さでした。

短い生涯でしたが、キングは、人々の記憶に今でも色濃く残っています。アメリカでは、毎年、1月第3月曜日は「マーティン・ルーサー・キング・デー」として国民の祝日に制定されています。このように、個人の栄誉を称えた祝日があるのが、アメリカ大陸を発見したコロンブス、初代大統領ワシントンと、キング牧師のたった3人ですので、この事実1つを取り上げても、キングは、今でも人々の記憶に残る、アメリカの偉大な指導者なのです。

8.2. 演説から学ぶ
Part 1

以下は、最も有名なセリフを含む箇所で、全体の4分の3あたりのところからの引用です。理想を声高に叫んだ箇所は、心に残る名演説にふさわしい箇所です。

I have a dream that one day this nation will rise up and live out the true meaning of its creed: "We hold these truths to be self-evident, that all men are created equal."

I have a dream that one day on the red hills of Georgia, the sons of former slaves and the sons of former slave owners will be able to sit down together at the table of brotherhood.

I have a dream that one day even the state of Mississippi, a state sweltering with the heat of injustice, sweltering with the heat of oppression, will be transformed into an oasis of freedom and justice.

I have a dream that my four little children will one day live in a nation where they will not be judged by the color of their skin but by the content of their character.

I have a *dream* today!

I have a dream that one day, down in Alabama, with its vicious racists, with its governor having his lips dripping with the words of "interposition" and "nullification" — one day right there in Alabama little black boys and black girls will be able to join hands with little white boys and white girls as sisters and brothers.

I have a *dream* today!

I have a dream that one day ① every valley shall be exalted, and every hill and mountain shall be made low, the rough places will be made plain, and the crooked places will be made straight; "and the glory of the Lord shall be revealed and all flesh shall see it together."

引用元　The King Center
URL: http://www.thekingcenter.org/

【全訳】

　私には夢があります。それは、いつの日か、この国が立ち上がって、「私たちは、人間すべてが生まれながらにして平等であるという真実が自明のものであると考える」という、その信条を真の意味で実現するという夢です。

　私には夢があります。それは、いつの日か、ジョージアの赤土の丘で、かつての奴隷の息子たちと、かつての奴隷所有者の息子たちが、兄弟のようにテーブルをともにするという夢です。

　私には夢があります。それは、いつの日か、不公平という熱に蒸(む)され、ひどい差別という熱にあえぐミシシッピ州のような州でさえも、自由と正義のオアシスに変わ

るという夢です。

　私には夢があります。それは、いつの日か、私の4人の幼子が、肌の色ではなく、人となりによって評価される国に住むという夢です。

　私には、今、夢があります。

　私には夢があります。それは、いつの日か、悪意のある差別主義者がおり、州知事が「州権優位性」とか「実施拒否」と常に口にするアラバマでも、いつの日か、アラバマというその場所で、小さな黒人の男の子たちや黒人の女の子たちが、白人の男の子たちや白人の女の子たちと、兄弟姉妹として手に手を取り合う日が来るという夢です。

　私には、今、夢があります。

　私には夢があるのです。それは、いつの日か、すべての谷が高くなり、すべての丘と山が低くなって、荒地が平らになり、ゆがんだところがまっすぐになって、「主の栄光がこうして現われるのを、肉なる者は共に見る」という夢です。

【語注】

rise up 立ち上がる、live out 実現する、creed 信条、self-evident 自明の、brotherhood 兄弟、sweltering 熱にあえぐ、injustice 不公平、oppression 抑圧、ひどい差別、content 中身、vicious racist 悪意のある差別主義者、governor 州知事、dripping with 〜を常に口にする、interposition 州権優位説［注：それぞれの州は、その主権を侵害するとみなされる連邦の措置に反対することができるという主義のこと、のちに nullification とも称された］、nullification 実施拒否［注：連邦が定めた法律のうちで、憲法に照らして違憲であると州が判断したものに関しては、州内での実施を拒否することができるという考えに基づいている連邦法効力の拒否のこと］、valley 谷、exalt 高める、crooked ゆがんだ、glory 栄光、Lord 主［注：イエス＝キリストのこと］、shall...revealed 現われるでしょう、flesh 肉なる者

【発音注】

creed［クリードゥ］、slave［スレィヴ］、oppression［オプレッシュン］、vicious［ヴィシュス］、interposition［インタプジシュン］、nullification［ナルフィケイシュン］、valley［ヴァリ］、exalt［イグゾルトゥ］、reveal［リヴィール］

第8章　マーティン・ルーサー・キング

名演説の中の名台詞（13）

I have a dream.「私には夢があります」

【解説】

　これは、この演説の中で最も有名な台詞です。実際に、各国のCMで使われたり、街行く人のTシャツのロゴに見られたりと、一般にまで浸透している稀有な英文と言えるでしょう。

　ところで、この台詞は、演説当日の偶然の思い付きによるものでした。つまり、この言葉は事前に用意していたのではなく、それ以前、例えば、デトロイトにあるコーボー・ホール（Cobo Hall）で演説した際などに好んで使っていたフレーズを突如使いたいと思い立って、その結果として用いたのです（注1）。したがって、事前に書いた原稿から逸脱した結果として、この名台詞が生まれたのです。

　次に、この台詞とその発話の仕方が、聴衆にもたらした効果について考えてみましょう。Part 1の引用箇所に見られるように、このフレーズは何度も繰り返されています。しかし、同じ台詞を同じ声の調子で読むと、聴衆に単調な印象を与えがちです。しかし、キングは、黒人霊歌にみられる「呼応（シャウト、shout）」の手法を用いて、熱狂的に演説を盛り上げていること

注1　カーソン（2002:267）

がわかります。

シャウトとは、「リング・シャウト (ring shout)」とも呼ばれ、これは、黒人たちが輪になって踊りながら、伝道者と会衆が掛け合い(これを「コール・アンド・レスポンス (call and response)」と呼ぶ)で歌い、しばしば興奮が高まって、熱狂の状態にまで達することもあったという一連の流れを含む宗教歌のことを言います。その中でも、「コール・アンド・レスポンス」は黒人の団結力と連帯感を高めるのに大いに役立ったのです。

実際の演説の映像を見たり、音声を聞いたりすると、キングは、I have a dream. を繰り返すことによって、熱狂的に演説を盛り上げていきながら(=コールしながら)、それに聴衆も呼応している(=レスポンスしている)箇所が随所に見られます。

これは、牧師ならではの妙技と言えるでしょう。

✓ 英語力向上の極意

極意 (1) 聖書の言葉を引用する

キングは牧師であることから、聖書の言葉を演説の中で多く用いました。その理由は、「キリスト教信仰によって、自由と希望はいつか叶うのだ」と説くことが牧師の目的の1つだからです。しかし、牧師だけでなく、大統領から一般の人に至るまで、聖書の言葉をスピーチや演説、普段の会話において引用することは、欧米では

頻繁に見られます。日本人は、宗教（＝キリスト教）と密接にかかわっているこうした欧米の慣習や習慣に驚くかもしれませんが、アメリカ大統領の就任演説でも、聖書の引用がしばしば使われることがあるのです。

　これは、「**言語と文化の不可分性**」を色濃く表わしている結果と言えるでしょう。つまり、キリスト教は英語圏の文化の一部なので、キリスト教と関係する言葉やそれに基づいた概念は、そこで暮らす人々にとっては、至極当たり前のことなのです。ですから、英語力を強化するには、英語という言語自体を学習するだけでなく、英語使用者の**文化的背景**を知ることや**価値観**が重要です。したがって、聖書に対する理解と知識があると、彼らの言葉の意味をより深く理解することにつながります。

　それでは、実際にこの演説で聖書の言葉が用いられている例を見ていきましょう。例えば、下線部①では、旧約聖書『イザヤ書』40章4節から5節の台詞が含まれています。比較のために、旧約聖書にある一節前の第3節から5節を以下に引用します。

　³ 呼びかける声がある。
　主のために、荒れ野に道を備え
　わたしたちのための神のために、荒れ地に広い道を通せ。
　⁴ 谷はすべて身を起こし、山と丘は身を低くせよ。
　険しい道は平らに、狭い道は広い谷となれ。

⁵ 主の栄光がこうして現れるのを
肉なる者は共に見る。
主の口がこう宣言される。

(『聖書』(2010) より)

　このように下線部①と聖書の箇所は、ほぼ同じであることがわかります。つまり、ここでは、これから到来する神のために大路を用意せよと言っているのです。Part 1 での「大路」とは、「自由」と解釈することができるでしょう。

　では、下線部①は、どういった背景があってこのような内容となっているのでしょうか。この問いに対する答えがわからなくては、キングの発言の意図を理解することはできないのですが、その答えは、この聖書の引用箇所の小見出しである「帰還の約束」にそのヒントがあります。

　とはいうものの、「帰還の約束」と述べただけでは、キリスト教者またはキリスト教に詳しい人以外、その内容はなかなかわからないでしょう。では、この「帰還の約束」とは、どういうことなのでしょうか。これには、古い歴史が関係していますので、以下に簡潔に解説します。

　紀元前586年に、新バビロニア王国がユダ王国を滅ぼし、多くの民（主にユダヤ人）がバビロンやそのほかのバビロニアの地に強制連行され、その地に移住するこ

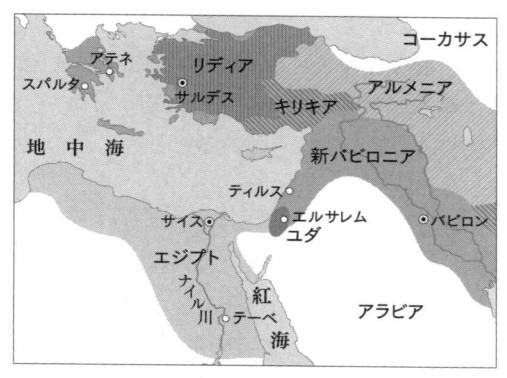

第8章 マーティン・ルーサー・キング

新バビロニア王国とユダ王国

とを余儀なくされました。

それから、約50年後の紀元前539年に、今度は、新バビロニア王国がアケメネス朝ペルシアに滅ぼされると、強制移住させられた民は、バビロンからエルサレムへ帰国することになるのです。これが神との「帰還の約束」ということになるわけですが、このことを歴史的に「バビロン捕囚（Babylonian Exile）」と呼びます。

しかし、新天地に、新しい生活の根を下ろしてすでに約半世紀がたっていたため、実際に帰国することを決意した民は、さほど多くはありませんでした。しかし、召しにしたがった勇敢な人々は、「正しさを求める人」「主を尋ね求める人」として、称えられることになるのです。帰還した人々は、元の地であるパレスチナにパレスチナ神殿（第2神殿）を再建し、ユダヤ教という宗教の

体系を築いたのです。

そこで、預言者イザヤは、捕囚に対して、希望の光をともす言葉をかけ続けたのでした。別の言い方をすると、イザヤは信仰の預言者であるとともに、希望の預言者であったわけです(注2)。

したがって、キングが、この演説において、この「帰還の約束」を引用した理由は、神の啓示にしたがって祖国への帰国を希望した少数の民を、すなわち、この演説では「黒人」をはじめとする少数派（マイノリティー）になぞらえて、少数派の人々を励ます意図があったものと考えられます。この引用箇所を耳にした黒人やその他のマイノリティは、彼らなりの「約束の地」を想ったかもしれません。

このように、聖書の言葉を理解できると、英語の演説やスピーチを深く味わうことができるのです。

☞極意を使う（13）　使える聖書の言葉

前述したように、聖書の言葉は欧米人の日常生活にも密接にかかわっているので、会話の中に出てくるフレーズの中に、もともと聖書からの引用が含まれていることがあります。ここでは、頻繁に使われる旧約聖書を基にしたフレーズを学びましょう。

■フレーズ1　for everything there is a season/a sea-

注2　矢内原（1984:190）

son for everything「すべてのことには季節がある」

|聖書原文| For everything there is a season, and a time for every matter under heaven: a time to be born, and a time to die; a time to plant, and a time to pluck up what is planted. (Ecclesiastes 3:1-4) (何事にも時があり、天の下の出来事にはすべて定められた時がある。生まれる時、死ぬ時、植える時、植えたものを抜く時。『コヘレトへの言葉（伝道の書）』3:1-4)

|応用| For everything there is a season, even for Hollywood superstars such as Brad Pitt. (すべてのことには季節があります。それはブラッド・ピットのようなハリウッドスターでもです)

■フレーズ2　play the fool「愚かなことをする」

|聖書原文| Behold, I have played the fool; and have erred exceedingly. (I Samuel 26:21) (わたしは愚かであった。大きな過ちを犯した。『サムエル記 上』26:21)

|応用| John played the fool at his workplace instead of working. (ジョンは職場で働く代わりに、馬鹿な真似をしていた)

209

■フレーズ3　Tower of Babel「バベルの塔」

聖書原文　"Come, let us go down, and there confuse their language, that they may not understand one another's speech" ... Therefore, its name was called Babel, because there the Lord confused the language of all the earth. (Genesis 11:7, 9)（「我々は降(くだ)って行って、直ちに彼らの言葉を混乱させ、互いの言葉を聞き分けられぬようにしてしまおう」（中略）こういうわけで、この町の名はバベルと呼ばれた。主がそこで全地の言葉を混乱（バラル）させ、また、主がそこから彼らを全地に散らされたからである。『創世記』11:7, 9)

応用　Passengers were chattering in a babel of tongues at the international airport.（国際空港で、旅客はさまざまな言語でぺちゃくちゃと話していました。）

■フレーズ4　spare the rod, spoil the child「鞭(むち)を惜しむと子は駄目になる」

聖書原文　He who spares the rod hates his son, but he who loves him is diligent to discipline him. (Proverbs 13:24)（鞭を控える者は自分の子を憎む者。子を愛する人は熱心に諭(さと)しを与える。『箴言(しんげん)』13:24)

第8章　マーティン・ルーサー・キング

応用　Those who spare the rod of discipline hate their children.　(自制心の鞭を惜しむものは、自分の子供が嫌いな人です)

■フレーズ5　like mother (father), like daughter (son)
「この親（母親、父親）にして、この子（娘、息子）あり」

聖書原文　Behold, everyone who uses proverbs will use this proverb about you. 'Like mother, like daughter.' (Ezekiel 16:44)（お前についてことわざを語る者は、すべて、ことわざを用いてこう言う。『この母にしてこの娘あり』と。『エゼキエル書』16:44）

応用　When I watch George W. Bush on TV, it always reminds me of his father George H. W. Bush. Like father, like son.（ジョージ・W・ブッシュをテレビで見ると、いつも父親のジョージ・H・W・ブッシュを思い浮かべます。この親にして、この子ありだと）

極意 (2)　簡単な文構造で話す

　本章のPart 1とPart 2の引用箇所では、キングは非常に単純な言葉を使っているとともに、文構造の点でもシンプルになっていることがわかります。

　ここではI have a dream that 〜に注目してみましょ

う。この文には、**複文**と呼ばれる文が使われています。

ところで、複文とは何でしょうか。

もともと、文を構成する節［注：文の一部で、主語と述語を持っているもの］と節の関係性から鑑みて、**単文、重文、複文、混文**の4種類があります。

(1) **単文**は、主部と述部を1つしか持たないもの。E.g. I have a dream.（私には夢があります）
(2) **重文**は、2つ以上の節が and、but や or といった等位接続詞によって、対等に結ばれているもの。E.g. You can sing or you can listen.（歌ってもいいし、聞いてもいいです）
(3) **複文**は、主語と述語動詞の形式をとる節が2つ以上あり、そのうちの1つが主節で、それ以外が従属節となるもの。E.g. I think that Tom is in London now.（トムは今、ロンドンにいると思います）
(4) **混文**は、単文と複文を、または複文と複文を等位接続して結んだもの。E.g. I know that Jim is a skillful doctor, but I don't understand why he quit his job so suddenly.（ジムが優れた医者であることを知っていますが、なぜ彼がそんなにも突然仕事を辞めたかわかりません）

それでは引用箇所を分析してみましょう。下線部① I have a dream that one day this nation will rise up and live out the true meaning of its creed. では複文が使われています。文法的に説明すると that は接続詞で、that 節内は this nation が主語になっています。

このように、複文の中でもシンプルな言葉を選択したことによって、聴衆が理解しやすい構造となっているのです。

極意 (3) 繰り返しの技巧で盛り上げる

第2章「英語力向上の極意 (3)」では、「繰り返しの技巧」について述べましたが、第2章と比較しても、キングの「ワシントン大行進演説」では、**繰り返しの技巧**がより多く使われていることがわかります。

第2章で言及しましたが、繰り返しによって、**発言を印象付ける効果**があります。では、なぜ人々の記憶に残りやすいかと言いますと、繰り返すことによって、**リズムが良くなります**。リズムが良いということは、聞き手の記憶に残りやすいというわけです。

実際の演説を見てみると、キングは堂々と落ち着いた調子で話し始めているのですが、だんだんと引用箇所の繰り返し部分に差し掛かると、音楽を奏でるように、抑揚をつけて、声高に話していることがわかります。

このように、繰り返しは、**発話に流れを作り出してくれる効果**があるのです。そして、聴衆も盛り上がって演説に反応していることが映像を見ると伝わってきます。

英語力の向上を目指す場合、リズム感の良いこのよう

な秀逸な演説を選び、音読練習やシャドーイングをすると効果的です。なぜなら、日本語と英語では、音声上のリズムが大きく異なるので、それを習得するには、時間と困難を伴うからです。しかし、適切な材料で練習を重ねると、英語が英語らしくなるのです。

Part 2

　以下は、「ワシントン大行進演説」の最後の部分です。実際の映像を見るとわかりますが、演説の中で最も盛り上がっている箇所です。

And if America is to be a great nation, this must become true.
And so let freedom ring from the prodigious hilltops of New Hampshire.
Let freedom ring from the mighty mountains of New York.
Let freedom ring from the heightening Alleghenies of Pennsylvania.
Let freedom ring from the snow-capped Rockies of Colorado.
Let freedom ring from the curvaceous slopes of California.
But not only that:
Let freedom ring from Stone Mountain of Georgia.

第8章 マーティン・ルーサー・キング

Let freedom ring from Lookout Mountain of Tennessee.
Let freedom ring from every hill and molehill of Mississippi.
From every mountainside, let freedom ring.

And when this happens, and when we allow freedom ring, when we let it ring from every village and every hamlet, from every state and every city, we will be able to speed up that day when all of God's children, black men and white men, Jews and Gentiles, Protestants and Catholics, will be able to join hands and sing in the words of the old Negro spiritual:

Free at last! Free at last!
Thank God Almighty, we are free at last!

引用元　The King Center
URL: http://www.thekingcenter.org/

【全訳】

　アメリカが偉大な国になるのであれば、これを現実のものとしなくてはなりません。

　ですから、ニューハンプシャー州の壮大な山の頂上から、自由の鐘を鳴らそうではありませんか。

ニューヨーク州の巨大な山々から、自由の鐘を鳴らそうではありませんか。
　ペンシルバニア州にそびえたつアレゲーニー山脈から、自由の鐘を鳴らそうではありませんか。
　コロラド州の雪を抱いたロッキー山脈から、自由の鐘を鳴らそうではありませんか。
　カリフォルニア州の曲線の美しい山々から、自由の鐘を鳴らそうではありませんか。
　それだけではありません。
　ジョージア州のストーンマウンテンからも、自由の鐘を鳴らそうではありませんか。
　テネシー州のルックアウト山からも、自由の鐘を鳴らそうではありませんか。
　ミシシッピ州のすべての丘とすべてのモグラ塚から、自由の鐘を鳴らそうではありませんか。
　すべての山腹から、自由の鐘を鳴らそうではありませんか。

　もしこれが現実となって、自由の鐘を鳴らすことができ、すべての村、すべての集落で、すべての州、すべての都市で自由の鐘を鳴らすことができたのならば、すべての神の子たちが、黒人も白人も、ユダヤ人も非ユダヤ人も、プロテスタントもカトリックも手に手を取り合って、昔の黒人霊歌を歌う日を早めることができるのです。

第 8 章　マーティン・ルーサー・キング

やっと自由になった！　やっと自由になった！
　全知全能の神に感謝します。とうとう自由になったのです！　と。

【語注】

prodigious hilltops 壮大な山の頂上、mighty 巨大な、heightening そびえる、Alleghenies アレゲーニー山脈 [注：アメリカとカナダ東部に連なるアパラチア山脈の一部。Allegheny とも]、snow-capped 雪を抱いた、Rockies ロッキー山脈 [注：北米西部にある大山脈]、curvaceous slopes 曲線の美しい山々、Stone Mountain ストーンマウンテン [注：ジョージア州にある花崗岩の山で、南北戦争時の南軍の将軍ジェニファー・デイヴィス、ロバート・E・リー、ストーンウォール・ジャクソンのレリーフが刻まれている]、Lookout Mountain ルックアウト山 [注：ジョージア州、テネシー州、アラバマ州の3州にまたがり、一部は南北戦争の戦場であった]、molehill モグラ塚、mountainside 山腹、hamlet 集落、Gentiles 非ユダヤ人、Negro spiritual 黒人霊歌、God Almighty 全知全能の神

【発音注】

prodigious [プルディジュス]、mighty [マイティ]、Alleghenies [アラゲイニズ、アリゲニ]、curvaceous [カーヴェイシュス]、molehill [モゥルヒル]、Gentile [ジェンタィル]、spiritual [スピリチュアル]

名演説の中の名台詞 (14)

Free at last! Free at last!
Thank God Almighty, we are free at last!
「やっと自由になった！ やっと自由になったぞ！
　全知全能の神に感謝します。とうとう自由になったのです！」

【解説】

　この一節から、当時の黒人が置かれた立場がよく理解できます。すなわち、「自由」をいかに切望していたかということが、よく伝わってくるのです。

　そうした夢と情熱を語る際に、キングは黒人霊歌［注：スピリチュアル（spiritual）またはニグロ・スピリチュアル（negro spiritual）と呼びます。アフリカから連れてこられたアフリカ系アメリカ人にキリスト教が広まってできた音楽で、キリスト教の讃美歌とアフリカ独特の音楽が融合したもの］という歌の "Free at last" の一節を使って演説を締めくくったのでした。

「ワシントン大行進演説」を行なった際に、黒人霊歌を実際に歌って盛り上げた人たちもいます。キングの演説の前後では、実際にスピリチュアルが奏でられたのです。演説の前には、マヘリア・ジャクソン（Mahalia Jackson, 1911-1972）が「殴られ、ののしられても（I've been 'buked and I've been scorned, O, Lord)」を歌

い、演説後には、マリアン・アンダーソン（Marian Anderson, 1902-1993）が「主は世界をその御手に（He's Got the Whole World in His Hands）」をピアノの伴奏とともに高らかに歌いました。この時、演説や歌を通して、黒人・白人など人種の枠を超えて、皆が心を1つにしたのでした。

ところで、黒人霊歌の中には、世界的に知られている歌も数多く含まれています。日本人になじみの深い「聖者の行進（When the Saints Go Marching In）」、「漕げよ、マイケル（Michael, Row the Boat Ashore）」などは、もともと黒人霊歌でした。また、1986年に公開された映画『スタンド・バイ・ミー』の "stand by me"（神よ、私に寄り添ってください）という一節は黒人霊歌がもとになっています。

この黒人霊歌は、のちにゴスペル（gospel）となって世界の音楽シーンの一大ジャンルとなるわけですが、その歴史は古いのです。

この黒人霊歌が知られるようになったのは、南北戦争中（1861-1865）に北部のユニタリアン派牧師で、奴隷制度廃止論者であった白人トーマス・ヒギンスン（Thomas Wentworth Higginson, 1823-1911）によって記録され、それが文芸誌で発表されたことによります。黒人霊歌はもともと口頭伝承が基本だったため、ヒギンスンの功績がなければ、多くの人に伝わることはなかったのです。

では、なぜこの黒人霊歌が誕生したのでしょうか。その答えを知るには、アメリカにおける黒人の歴史を知らなければなりません。

　そもそも、黒人は、奴隷としてアフリカ大陸からアメリカ大陸に強制的に連れてこられたわけですが、その苦労たるや、筆舌に尽くしがたかったことは想像に難くありません。家族・言語・文化・宗教［注：アフリカの宗教は基本的に聖典を持たず、自然や日常生活習慣と深くかかわる民族宗教］を剥奪され、新天地での苦境に満ちた生活を迫られたのです。

　ですから、苦境の中で、キリスト教の福音と出会い、キリスト教に触れ、その思想や音楽に救われる黒人は少なからずいたのです。旧約聖書に書かれているイスラエルの民の苦難の物語や新約聖書に現われるキリストの受難が、自分たちの人生と重なる部分もあったことでしょう。

　結果として、アフリカの土着のリズム・旋律と讃美歌が組み合わさってできたものが黒人霊歌で、それは、文字通り、「黒人の魂の歌であり、音楽である」と言えるでしょう。

　ところで、黒人霊歌とゴスペルでは、何が異なるのでしょうか。歌詞の点で言うと、歌の内容の「軽妙さ」「明るさ」にあるでしょう。前者は、死んで苦しみから逃れ、最終的な「自由」を得ることを願う歌詞が主であるのに対して、後者は、悲しみや苦しみと共

に信仰の喜びを歌に込めたという点で、相違がみられます。

✓ **英語力向上の極意**
極意（4） 情景を思い浮かべるように

キングは、情景が容易に思い浮かぶような地名を数多く列挙しています。Part 2 で出てくるそうした表現を以下に整理してみましょう。

● prodigious hilltops of New Hampshire（ニューハンプシャー州の壮大な山の頂上）
● mighty mountains of New York（ニューヨーク州の巨大な山々）
● heightening Alleghenies of Pennsylvania（ペンシルバニア州にそびえたつアレゲーニー山脈）
● snow-capped Rockies of Colorado（コロラド州の雪を抱いたロッキー山脈）
● curvaceous slopes of California（カリフォルニア州の曲線の美しい山々）
● Stone Mountain of Georgia（ジョージア州のストーンマウンテン）
● Lookout Mountain of Tennessee（テネシー州のルックアウト山）
● every hill and molehill of Mississippi（ミシシッピ州のすべての丘とすべてのモグラ塚）

アメリカの州（アラスカ、ハワイを除く）

　キングが選んだ場所の数々は、東海岸にやや偏りがあるものの、アメリカ全土にわたっていることがわかります。これは、アメリカ全土から集まった行進の参加者、テレビ中継を観覧しているすべてのアメリカ国民を意識しての発言ではないかと推察できます。

　こうした例を挙げることによって、例えば、ニューハンプシャー州の市民、またはその州の関係者であれば、ニューハンプシャー州の壮大な山を思い浮かべることができるのです。こうして、情景を思い浮かべることによって、自分と関連のある土地や国を想いながら、本来の演説の目的である「自由の探求」に対して、聴衆に**当事者意識を持たせる**結果につながっています。

極意（5） 演説にストーリー性がある

　全体として、演説に**ストーリー性**を持たせることが、名演説・名スピーチの条件です［注：第1章　1.4.「なぜ名演説は名演説たり得るのか」を参照のこと］。さらに、そのストーリーが「**サクセスストーリー（success story）**」であれば、聴衆の心を捉えて離さないものになります。

　それでは、「ワシントン大行進演説」におけるサクセスストーリーとは、どのようなものでしょうか。

　それは、「アメリカに強制連行され、権利も自由も与えられない黒人が、人種差別や偏見といった苦難を乗り越え、やがては白人と平等に扱われ、自由を得る」というストーリーです。

　このストーリーを盛り上げるにあたり、「**繰り返しの技巧**」［注：第2章「英語力向上の極意（3）」、本章「英語力向上の極意（3）」を参照のこと］や「**黒人霊歌からの引用**」［注：名演説の中の名台詞（13）を参照のこと］、「**聖書の言葉の引用**」［注：本章「英語力向上の極意（1）」を参照のこと］を演説で併用することで、聴衆の感情の高まりを一層強めることに一役買っているのです。

　ただし、ストーリー性をもたせるという方法は、演説だけに有効なものではありません。ビジネスにおけるプレゼンやミーティングなどでも使える技法なのです。

8.3. 名演説の裏話「キングのもう1つの名演説」

「アメリカの公民権運動」と言えば、「キング牧師」と

結びつけて考えられるほど、キング牧師自身の足跡や動向には注目が集まります。つまり、キング牧師は公民権運動の象徴なのです。しかし、その陰には、数えきれない多くの名もなき人の尽力と犠牲があったことは言うに難くありません。

　こうした人々に対する配慮もキングは忘れたことはありませんでした。

　キングは1964年にノーベル平和賞を受賞しています。1964年12月10日にノーベル平和賞を受賞した際の演説に、その心配りが表われています。以下、そうした気遣いが窺える一節を引用しましょう。

> Every time I take a flight, I am always mindful of the many people who make a successful journey possible — the known pilots and the unknown ground crew.
>
> So you honor the dedicated pilots of our struggle who have sat at the controls as the freedom movement soared into orbit. （中略）
>
> You honor the ground crew without whose labor and sacrifices the jet flights to freedom could never have left the earth. Most of these people will never make the headline and their names will not appear in *Who's Who*.

第 8 章　マーティン・ルーサー・キング

> 引用元　The Nobel Foundation 1964
>
> 　飛行機に乗るたびに、私はこの旅がうまくいくことを可能にしてくれる多くの人のことを思います。それは、知られているパイロットと知られていない地上職員（整備士）のことです。
>
> 　ですから、私たちの戦いを主導する熱心なパイロットを称賛しましょう。彼らは、自由解放運動が軌道に乗るように操縦席についている人たちです。(中略)
>
> 　地上職員（整備士）の努力と犠牲がなければ、自由への飛行が地球から飛び立つことはなかったのですから、地上職員（整備士）を称賛しましょう。彼らのほとんどは、見出しを飾ることもなければ、各界の名士録に載ることもないのです。

　上記の引用箇所は受賞の数年前に体験したある出来事に基づいています(注3)。それによると、キング牧師がシカゴのオヘア空港で旅客機に乗り込んだところ、機体の故障で出発が遅れ、座席の窓から外を見ると整備士が必死で修理している様子が目に入りました。ところが他の乗客たちは彼らに気づくことなく、修理が完了して離陸すると、パイロットや乗務員に感謝していたそうで

注3　カーソン（2002）

す。

そこで、キングは、パイロットや乗務員を known「知られている」と、整備士を unknown「知られていない」という形容詞を使って表現したのです。加えて、この引用箇所では、「パイロット」を「公民権運動の指導者たち」に、「整備士たち」を「その活動に参加したあらゆる人々」になぞらえています。つまり、ノーベル賞は、公民権運動を支えてくれた名もなき偉大なる人々に対して与えられたものであると述べているのです。

「ワシントン大行進演説」だけでなく、キングによる「ノーベル平和賞受賞演説」はキングの晩年の演説の中でも、秀逸な名演説の1つなので、ぜひ通読することをおすすめします。その全文は、ノーベル財団のホームページ上で公開されています。

URL: http://www.nobelprize.org/nobel_prizes/peace/laureates/1964/king-acceptance_en.html

第9章
スティーブ・ジョブズ
──スタンフォード大学での演説

　この章では、元アップル（Apple Inc.）の創設者で、CEOだったスティーブ・ジョブズ（Steven Paul Jobs, 1955-2011）が、2005年6月12日にスタンフォード大学（Stanford University）の卒業講演で行なった演説を紹介しましょう。名演説と呼ぶに値する感動的な演説です。

　ジョブズは、アップルの設立時から、さまざまな場所でプレゼンテーションを行ないました。映像として残っているプレゼンテーションを見ると、間違いなく、ジョブズは「プレゼンの名手」と言えます。自社の製品を紹介する際に、巧みなプレゼン技術で、人々を魅了したこ

注1　プレゼン」と「スピーチ」の相違に関しては、詳しくは米山（2013：12-16）を参照のこと

とは、記憶に新しいでしょう。一方で、ジョブズは、「プレゼン」ではなく、「スピーチ（演説）」(注1)を行なうことはあまりありませんでした。そういった意味で、このスタンフォード大学での演説は、貴重なのです。

この演説では、卒業していく若者に対して、3つのことを話しています。まず、「点と点をつなげるということ」について、2つ目に、「愛と敗北」について、3つ目に「死」についてです。

9.1. ジョブズの生涯と演説の背景

ジョブズは、1955年2月24日、サンフランシスコに、シリア人で大学のティーチングアシスタントをしていたアブドゥルファター・ジャンダリ（Abdulfattah "John" Jandali, 1931-）とアメリカ人大学院生ジョアン・シーブル（Joanne Carole Schieble, 1932-）の間に生まれます。しかし、大学院生であった母親はもろもろの事情から、ジョブズを里子に出すことに決めました。そして、縁あってジョブズ夫妻の養子になります。義父ポール（Paul Reinhold Jobs, 1922-1993）は、高校を中退して、中古車の販売業や技術者として、生計を立てていました。義母クララ（Clara Jobs, 1924-1986）は、会計事務の仕事を真面目にこなす女性でした。

いたずらばかりの小学生時代をカリフォルニア州のモンタ・ロマ小学校で過ごし、クリッテンデン中学には、1年早く飛び級で入学します。しかし、その学校で、ジ

ョブズがいじめにあうなどしたため、家族で引越しをするのです。

カリフォルニア州のホームステッド高校時代、5歳年上の卒業生で、学校内外で「天才」と誉れ高かった「電気少年」スティーブ・ウォズニアック（Stephen Gary Wozniak, 1950–）、通称「ウォズ」に出会い、ジョブズは、エレクトロニクス（電子工学）の知識を深めてゆきます。その後、ウォズとともにパーソナルコンピュータの礎を作るのでした。

1972年、オレゴン州にある私立リード大学（Read College）に進みますが、1年もたたないうちに、中退します。親に学費の負担をかけたくなかったという経済的な点などが中退の理由として伝えられるところです。しかし、大学中退後も、自分の興味のある授業は、自主的に聴講していました。その中で、「カリグラフィー（calligraphy［注：西洋式ペン習字で、文字を美しく見せるための技法を学ぶ］）」の授業に出席し、文字の美しさにとらわれるのです。その経験から、現在では、コンピュータの常識となった種々の「フォント」を取り入れるという発想の源が生まれたのです。それ以前は、コンピュータの文字は「読めればよい」という程度でしたので、「フォント」の種類は数えるほどしかありませんでした。しかし、ジョブズの発想のおかげで、現在では、気分や用途に合わせて、いろいろなフォントで文字が打てるようになったのです。

第9章 スティーブ・ジョブズ

　1976年、21歳の時に、アップルを設立し、「アップルⅠ（Apple Ⅰ）」を発売します。翌年、アップルを法人化し、「アップルⅡ（Apple Ⅱ）」を発売しますが、これが大ヒットを記録します。1980年には、アップルの株式を公開したことによって、弱冠25歳で巨万の富を得るのです。その当時の個人資産は、2億5600万ドルでした。これは、ウォズによる高い技術と、ジョブズの販売戦略が功を奏した結果によるものです。ジョブズはこのころから、販売促進技術とプレゼンテーション技術に非常に長（た）けていたことがわかります。

　1984年、「マッキントッシュ（Macintosh）」を発売します。そのモットーは、「誰もが簡単に操作できて、デザインの良いもの」でした。ところで、ジョブズは仕事に非常に厳しいことで知られていました。それは、「最高の製品を世に送り出す」という確固たる信念があったからこそなのですが、それがなかなか周りに理解されず、徐々に社員や取引先との軋轢（あつれき）を生み、とうとう翌年30歳の時に、アップルを追放されます。

　それまでに一生困らないほどの財産を形成していたジョブズですが、自分の会社を追放されたことに大きなショックを受け、新しい仕事にのめりこもうと新会社「ネクスト（NeXT）」を設立します。ネクストは、教育およびビジネス市場向けのコンピュータを作製することを目的として、設立されました。しかし、ネクストが発売したコンピュータは、価格が高く、互換性が低かったこと

から、想定よりも販売数が伸びませんでした。これもジョブズにとっては、辛酸をなめた経験と言えるでしょう。1996年には、アップルがネクストを買収しています。

このようにネクストでは紆余曲折のあったジョブズですが、1986年、映像制作会社「ピクサー（Pixar Animation Studios）」を買収し、同社のCEOに就任します。1991年、ピクサーがディズニーと契約し、1995年には、ディズニーとの共同作品であるアニメーション映画『トイ・ストーリー（Toy Story）』が世界的なヒットを博します。この成功に端を発し、ピクサーの株式を公開したため、再び富豪になります。

私生活にも転機が訪れます。1991年、ジョブズ36歳の時に、スタンフォード大学のビジネススクールに通っていたローレーン・パウエル（Laurene Powell, 1963-）と出会い、結婚し、3人の子供に恵まれます。子供はこの3人のほか、それ以前に、同じ高校に通っていたクリスアン・ブレナン（Chrisann Brennan）との間に授かったリサ（Lisa Brennan-Jobs, 1978-）がいます。

また、アップルとの間にも変化が訪れます。1996年、アップルにアドバイザーとして11年ぶりに復帰し、1997年にアップルの暫定CEO（interim CEO）に就任します。この時、アップルは経営的に窮地に立っていました。というのも、アップルは、1997会計年度において、10億4000万ドルの赤字を背負っていたのです。これは

第9章　スティーブ・ジョブズ

まさに倒産寸前の数字と言わざるを得ません。

しかし、ジョブズは1998年、カラフルな新商品「iMac」を発売し、これが世界的な大ヒットを記録します。こうした成功を受け、2000年にアップルのCEOに正式に就任するのです。

2001年には、携帯音楽プレーヤー「iPod」と音楽ソフト「iTunes」を発表し、これらの商品も爆発的なヒットとなりました。ユーザーの多さや、使い勝手の良さは、皆が知るところです。アップルの成功のみならず、2003年、ディズニーとピクサーが手掛けたアニメーション映画『ファインディング・ニモ（Finding Nemo）』が爆発的なヒットを記録します。ユーモアあふれる魚類クマノミがモチーフになった映画であったことは記憶に新しいでしょう。

しかし、仕事が順調にいっていた最中の2004年、膵臓癌の手術で休職を余儀なくされます。膵臓癌は、癌の中でも予後の悪いことで知られ、5年生存率が極めて低いのですが、幸い、ジョブズの癌は膵臓癌の中でも治療が可能な珍しいものでした。そこで、思い切って手術に踏み切ったのです。

その翌年、この章で紹介するスタンフォード大学での演説を行ないます。それまでは、製品発表以外にほとんど講演することがなかったジョブズですが、「癌を宣告されたこと」、「50歳という節目であったこと」から、人生をいろいろと振り返りたいという心境に陥り、講

233

演を引き受けたのでした(注2)。

その後の活躍も目覚ましく、2007年に「iPhone」を発売し、これがスマートフォン時代の幕開けとなったことは周知の事実です。3日間で100万台の販売を記録したことは、驚くべきことです。そして、その3年後の2010年には、「iPad」を発売し、タブレット端末時代のきっかけとなります。この時、アップルの株式は、ビル・ゲイツが創業したマイクロソフト(Microsoft)の時価総額を抜いたことを、世界のニュースがこぞって伝えました。

加えて、2011年、「iPad2」を発売し、これも成功を

スティーブ・ジョブズ (写真:AP/アフロ)

注2 アイザックソン (2011)

第9章　スティーブ・ジョブズ

収めるのですが、以前に患った癌が再発、転移によって体調不良に陥ったため、8月24日にCEOを退任します。そして、ついに10月5日に56歳という若さでこの世を去るのです。世界中の多くの人が才能あふれる超人的なジョブズの早すぎる死を悼みました。

9.2 演説から学ぶ
Part 1

　以下は、演説の中盤からの引用で、3つのテーマである「点と点をつなげる (connecting the dots)」、「愛と敗北 (love and loss)」、「死 (death)」の内の2つ目について語っているところです。

Well, as Apple grew we hired someone who I thought was very talented to run the company with me, and for the first year or so ① things went well. But then our visions of the future began to diverge and eventually we had a falling out. When we did, our Board of Directors sided with him. So at 30 ② I was out. And very publicly out. What had been the focus of my entire adult life was gone, and ③ it was devastating.

（中略）

I'm pretty sure none of this would have happened if I

235

hadn't been fired from Apple. It was awful tasting medicine, but I guess the patient needed it. Sometimes life hits you in the head with a brick. ④ Don't lose faith. I'm convinced that the only thing that kept me going was that I loved what I did. You've got to find what you love. And that is as true for your work as it is for your lovers. Your work is going to fill a large part of your life, and the only way to be truly satisfied is to do what you believe is great work. And the only way to do great work is to love what you do. If you haven't found it yet, ⑤ keep looking. ⑥ Don't settle. As with all matters of the heart, you'll know when you find it. And, like any great relationship, it just gets better and better as ⑦ the years roll on. So keep looking until you find it. ⑥ Don't settle.

引用元　スタンフォード大学HP
URL: http://news.stanford.edu/news/2005/june15/jobs-061505.html

【全訳】
　実は、アップルが成長したので、私たちは、私と一緒に会社を経営するのに、私がとても有能だと思った人を招きました。そして、最初の1年ほどは、順調に進んでいたのです。しかし、やがて、将来へのビジョンに食

い違いが生じ、最終的には決定的な亀裂が生まれてしまったのです。そうなった時、アップルの取締役会は、彼に味方したのです。それで、私は30歳の時に、追い出されました。そして、それは公然とした追放となりました。大人になってからずっと心血を注いでいたものが、手中からなくなってしまい、それは悲惨なものでした。

(中略)

　私がアップルを追われていなければ、こうしたことはいずれも起こらなかったと強く確信しています。非常に苦い薬でしたが、患者にはそれが必要であったと思うのです。時に、人生において、煉瓦で頭を殴られるようなことがあります。だからと言って、信念を見失わないでください。私がそれでも、前に進めた理由は、私が自分の行なってきたことを愛してきたからだと確信しています。ですから、愛してやまないことを見つけてください。それは恋人に対しても、仕事に対しても同じことが言えるのです。仕事というのは、人生の大部分を占めることになります。ですから、心の底からやりがいを感じることができる唯一の方法は、素晴らしい仕事だと心から思える仕事をすることなのです。そして、素晴らしい仕事をする唯一の方法は、自分のしている仕事を愛することなのです。好きなことをまだ見つけていないのなら、探し続けてください。探すことをやめないでくださ

い。それはあらゆる恋愛と同じなので、見つけた時にそのことがわかるでしょう。そして、あらゆる素晴らしい恋愛のように、時間がたてばたつほど、それはより良くなっていくのです。それを見つけるまで、探し続けてください。決して、探すことをやめないでください。

【語注】

diverge 食い違いが生ずる、falling out 仲たがい、Board of Directors 取締役会、side with ～に味方する、publicly 公に、devastate がっかりする、awful ひどい、patient 患者（＝ジョブズのこと）、hit...brick 煉瓦で頭を殴る、faith 信念、be convinced ～を確信する、have got to do ～しなければならない（=have to do）、lover 恋人、be satisfied 満足する、matter...heart 恋愛、relationship 恋愛関係、settle 落ち着く

【発音注】

diverge［ディヴァージ、ディヴァージ］、eventually［イヴェンチュアリ］、devastating［デヴァステイティン］、awful［オーフル］、faith［フェイス］

名演説の中の名台詞（15）

You've got to find what you love.
「愛してやまないことを見つけてください」

第9章　スティーブ・ジョブズ

【解説】
　ジョブズは、ティーネイジャーのころからコンピュータに興味を持ち、亡くなるまで新製品の開発と販売に力を注ぎました。その結果、Macintosh、iMac、iPod、iPad、iPhone など、世界中の誰もが知る製品を次から次へと世に送り出したのです。製品に対する愛情は並大抵のものではなかったようです。そうした姿勢が、この台詞にも強く表われています。

　このほかにも、ジョブズは、数々の名言を残しました。ジョブズの発言には行動が伴っているため、言葉の数々には説得力があり、人々をひきつけてやまないのです。その中で、ジョブズをよく表わすインパクトのある言葉を3つご紹介しましょう。

(1) Think different.（固定観念を打ち破ろう）

　1985年にアップルを追われたジョブズですが、その11年後に、再び復帰します。そして、その時、ジョブズは「アップルのルーツに戻ること」を目標に掲げ、"Think different" をコンセプトに据えました。ところで、文法的には think という動詞を修飾するので、differently という副詞を用いるのが正しいのですが、そうした固定観念さえも打ち砕く、力強い言葉としてアップルのよき宣伝文句となりました。

このキャッチコピーにふさわしく、世界的な著名人であるジョン・レノンとオノ・ヨーコ夫妻、アインシュタイン、マリア・カラスや前章で紹介したキング牧師、ジョブズのトレードマークとなった黒のタートルネックのセーターのデザイナーである三宅一生などの写真が宣伝に用いられました。

　ところで、日本では集団を重視する文化の中で生きているので「他人と比べて different である」ということに対して常に肯定的に受け取られるとは限らないのですが、英語圏においては、個を重んじる文化なので「different である」ということは、称賛に値することなのです。そういった意味で、このフレーズにおける言葉の選択は文化的差異が表われている好例と言えるでしょう。

(2) Do you want to spend the rest of your life selling sugared water, or do you want a chance to change the world?（砂糖水を売って残りの人生を生きたいですか。それとも世界を変えるようなチャンスに挑もうと思いますか）

　ペプシコーラのジョン・スカリー（John Sculley, 1939–）は経営手腕に長けた人物で、当時、アップルの社長を探していたジョブズの目に留まります。1年以上もの時間をかけて、16歳も年上で、経験豊富な凄腕

第9章　スティーブ・ジョブズ

のスカリーを口説く際に言ったのが、この言葉です。

　Do you want A or B? という二者択一を求める際に使われる簡潔な構造の文を用いて、Aにはコーラを揶揄した「砂糖水 (sugared water)」を、Bにはアップルという可能性を秘めた「世界を変えるチャンス (chance to change the world)」を入れて対比させています。誘い文句として、非常にインパクトがあります。

(3) The products suck! There's no sex in them anymore!（どの製品も最悪だよ！全然、惹きつけるものがないじゃないか！）

　ジョブズは徹底して販売商品の数を最小限に絞りこむ戦略にこだわり続けました。ジョブズが1985年にアップルを去ったあとの11年間、アップルは拡大経営に乗り出していました。その結果、1997会計年度には10億4000万ドルにまで赤字が膨らんでいたことは、前述9.1.のとおりです。

　しかし、この「絞り込み」戦略のおかげで、1998年度には3億900万の黒字を出すのでした。そこでこだわったのが、製品に「魅力があるか」ということでした。それをジョブズはここで、"sex" という言葉を使って表現したのです。ここでの "sex" は、"sex appeal" という意味で使われています。また、suck は、動詞で使われる場合には「〜を吸う、吸収する」とい

241

う意味ですが、そこから転じて、アメリカの俗語では「(品質が)劣る、お粗末だ、むかつく、まったくひどい」という意味で使われます。

ジョブズの白黒はっきりとした性格がよく表われた表現です。

✓英語力向上の極意
極意 (1)　副詞・形容詞・句動詞を巧みに使う

聞き手（対象者）に合わせて、言葉を選ぶことも、名演説の重要な要素と言えるでしょう。この演説は、スタンフォード大学の学生に対して行なったものですので、対象は「大学生」です。ただし、「大学生」と言っても、スタンフォード大学は世界屈指の名門大学ですので、学生のレヴェルは極めて高いのです。しかし、ジョブズは、日本の大学などの卒業式で見られる訓示にありがちな説教臭くない、シンプルな文体の言葉で、学生に語りかけています。これが、かえって聴衆にインパクトを与えるのです。

それでは、実際にいくつかの例を見てみましょう。

下線部①　...things went well. （物事が順調に進みました）

下線部②　I was out. （私は追い出されました）

下線部③　...it was devastating. （それは悲惨なものでした）

下線部⑤　...keep looking.（探し続けてください）
下線部⑦　...the years roll on.（時間がたてばたつほど）

　このように、平易な言葉を巧みに使って、自分の感情や状況を十分に伝えることに成功しています。これは、well や out などの**副詞**や devastating などの**形容詞**の使い方と roll on などの**句動詞**（動詞句）を巧みに用いているからなのです。
　私たち日本人は、高校受験や大学受験などの際に、しばしば postpone=put off（延期する）のように覚えてしまいがちですが、これは意味上、似ているだけで、ニュアンスの上では、決してイコールではありません。というのも、postpone は比較的硬い印象を与える動詞ですが、put off などの句動詞は日常的に使える表現だからです。

☞ 極意を使う（14）　句動詞を使う
　前述したように、句動詞を使うと、堅苦しさが軽減します。ここでは、動詞を句動詞に言い換える練習をしましょう。

Q　以下の動詞を句動詞に書き換えなさい。
(1) Linda <u>cancelled</u> the wedding ceremony last week.（先週、リンダは結婚式を<u>中止しました</u>）
(2) I <u>arrived</u> at the airport just in time.（かろうじて間

に合う時間に空港に到着しました)
(3) I am sorry that Joanna <u>disappointed</u> you. (ジョアンナがあなたを<u>失望させて</u>、残念です)
(4) Our company decided to <u>dismiss (fire, discharge)</u> 30 full-time workers. (弊社は 30 名の常勤勤務者を<u>解雇する</u>ことを決定しました)
(5) The plan for the fiscal 2013 <u>failed</u>. (2013 会計年度の計画は<u>失敗しました</u>)

A 答えの一例
(1) Linda <u>called off</u> the wedding ceremony last week. (先週、リンダは結婚式を取りやめました)
(2) I <u>made it (showed up)</u> to the airport just in time. (かろうじて間に合う時間に空港に着きました) ★ make it は口語的。
(3) I am sorry that Joanna <u>let</u> you <u>down</u>. (ジョアンナがあなたの期待を裏切って、残念です)
(4) Our company decided to <u>lay off</u> 30 full-time workers. (弊社は 30 名の常勤勤務者を〔一時〕解雇することを決定しました)
(5) The plan for the fiscal 2013 <u>fell through</u>. (2013 会計年度の計画は<u>失敗しました</u>)

<u>極意 (2) 否定文を使ってインパクトを与える</u>
　前述の「英語力向上の極意 (1)」で言及したように、

第9章　スティーブ・ジョブズ

　ジョブズは、**シンプルな語句と文体**で語っている点が、聴衆に好感を与えるのです。ジョブズは、今回のスタンフォード大学での演説だけではなく、新商品の説明会でも、この手法を積極的に取り入れています。

　内容の点でも、端的に「**やるべきことと、やるべきでないこと（dos and don'ts）**」に分類して語ることがよくありました。下線部⑤ keep looking では「やるべきこと、なすべきこと（dos）」を示していますので、この項では「**やるべきでないこと（don'ts）**」を取り上げます。下線部④と⑥を見てみましょう。

　（下線部④）　Don't lose faith.（信念を見失わないでください）
　（下線部⑥）　Don't settle.（探すことをやめないでください）

　否定の命令形を使用するという手法は、場合によっては、高圧的な印象を聴衆に与えるのですが、ジョブズのように、下線部④の前では、「自分が経験した苦境」について述べ、下線部⑥の前では、「人々を勇気づけ、鼓舞するような話」をしています。つまり、フォローをしてから、否定命令形を使っているのです。このようにすると、高圧的な印象を回避できるのです。

　むしろ、このような条件下で、Don't〜という否定命令文で始めると、話に**説得力**が増しますし、聴衆にイン

245

パクトも与えることができるのです。インパクトがあるということは、聴衆の記憶に**メッセージが残りやすい**というメリットがあります。

このテクニックは普段の会話でも応用が可能です。

Part 2

以下は、演説の中盤からの引用で、3つのテーマである「点と点をつなげる (connecting the dots)」、「愛と敗北 (love and loss)」、「死 (death)」の内の3つ目について語っており、最も感動する部分です。癌に見舞われ、一度は死を覚悟したジョブズならではの深い言葉です。

This was the closest I've been to facing death, and I hope it's the closest I get for a few more decades. ① <u>Having lived through it</u>, I can now say this to you with a bit more certainty than when death was a useful but purely intellectual concept:

No one wants to die. Even people who want to go to heaven don't want to die to get there. And yet death is the destination we all share. No one has ever escaped it. And that is as it should be, because Death is very likely the single best invention of Life. It is Life's change agent. It clears out the old to make way for the new. Right now the new is you, but someday not too

第9章　スティーブ・ジョブズ

long from now, you will gradually become the old and be cleared away. Sorry to be so dramatic, but it is quite true.

Your time is limited, so don't waste it living someone else's life. Don't be trapped by dogma — which is living with the results of other people's thinking. Don't let the noise of others' opinions drown out your own inner voice. And most important, have the courage to follow your heart and intuition. They somehow already know what you truly want to become. Everything else is secondary.

（中略）

　　Stay Hungry. Stay Foolish. ②<u>And I have always wished that for myself.</u> And now, as you graduate to begin anew, I wish that for you.

Stay Hungry. Stay Foolish.

引用元　スタンフォード大学HP
URL: http://news.stanford.edu/news/2005/june15/jobs-061505.html

【全訳】

　この経験が、死に最も近づいた瞬間でした。そして、この経験が、今後数十年は近くならないように祈るばかりです。このようなこと（膵臓癌）を克服したので、現在、私は皆さんに対して、死というものが有益だが純粋に知的な概念でしかなかったころよりも、以下のことを少しだけ強い確実性を持って言えるのです。

　誰も死にたくなどありません。天国に行きたいと考えている人でさえも、そこに行きたいがために死にたいと思う人などいないのです。それでもなお、死は、すべての人が共有する終着点なのです。死から逃れた人など一人もいないのです。死とはそうあるべきなのです。なぜなら、死は生命の唯一にして最良の発明でしょうから。それは、生命を変化させる担い手です。それは、古いものを一掃し、新しいものに道を譲ることなのです。現在、新しいものとは、皆さんのことです。しかし、今からそう遠くない将来、皆さんもいずれは年を取って、一掃されるのです。大げさですみません。でも、これは真実なのです。

　皆さんの時間は有限です。だからこそ、誰かの人生を歩むことで、人生を無駄にしないでください。ドグマにとらわれないでください。ドグマとは、他人の考え方の結果に従って生きることです。他人の意見に惑わされる

第9章 スティーブ・ジョブズ

あまり、自分の内なる声に従わないなどということはしないでください。そして、なにより重要なのは、自分自身の心と直感に従う勇気を持つことです。心と直感が、本当は何になりたいかをすでに教えてくれているのですから。それ以外のものなど、二の次なのです。

（中略）

　常にハングリーで、常に愚かでいてください。私は常にそうありたいと願っています。そして、今、皆さんは卒業して新しい道を歩むことと思いますが、皆さんにもそうあってほしいのです。

　常にハングリーで、常に愚かであれ。

【語注】
This このこと（前述において、1年前に膵臓癌と診断されたことについて語っています）、certainty 確実性、purely 純粋に、intellectual 知的な、and yet それでもなお（逆接の用法）、destination 運命、invention 発明、agent 担い手、dramatic 大げさな　dogma ドグマ［注：それぞれの宗教や宗派が信奉する各々の教義・教理のこと。広義には、独断的な考えや意見のこと］、drown out かき消す、intuition 直感、foolish 馬鹿な

【発音注】

decade［デケィドゥ、デケイドゥ］、certainty［サートゥンティ］、destination［デスティネィシュン］、drown［ジュラウン］、courage［クァーリッジ］

名演説の中の名台詞（16）

Stay Hungry. Stay Foolish.
「常にハングリーで、常に愚かであれ」

　この引用の直前に、このフレーズの引用元についての言及があります。それは、若いころにジョブズが聖書のように愛読していた『全地球カタログ（the Whole Earth Catalog）』［注：スチュワート・ブランド（Stewart Brand, 1938-）によって1968年に創刊され、ヒッピー文化や、時としてハッカーについて紹介］という雑誌です。ジョブズ自身も、時代の流れで、ヒッピー文化［注：1960年代後半にアメリカの若者の間で生まれた文化で、既存の社会秩序や体制からドロップアウトする行動をとったり脱社会的な思想を持つ。風変わりな服装や放浪などが特徴］に感化されていた時期があります。

　その最終版の背表紙に書いてあったのが、この"Stay Hungry! Stay Foolish!"という一節です。早朝の田舎道の写真が下半分にある表紙の上部に、控えめな大きさの文字でこのフレーズが印字されていまし

た。詳しくは、1974年10月に発刊された最終号［注："the Whole Earth Catalog" を、「終章」を意味する epilog(ue) をもじって "the Whole Earth Epilog" という題名になった特別版］に書かれていた言葉です。実はこの雑誌、1974年号が最終版となっていますが、実際には、その後も1990年代まで時折、発刊されていました。

✓ 英語力向上の極意
極意 (3) 分詞構文を使って、流れを作る

　高校受験、大学受験の際に、「**分詞構文（participial construction）**」について学んだことのある方は多いことと思います。

　一般的な印象として、接続詞を使った文、例えば、Because Lisa did not know what to do, she visited my office.（リサはどうすればよいのかわからなかったので、私のオフィスを訪れました）のほうを、分詞構文を使った文、Not knowing what to do, Lisa visited my office. よりも先に学習するため、前者のほうが、難易度が低く、日常的な表現であると解釈している方も少なからずいるのではないでしょうか。

　しかし、実際には、接続詞を使用した文章のほうが、フォーマル度が高いことが多いのです。ですから、口語の場合には、分詞構文を使ったほうが良い場合があります。また、分詞構文を使うと、音声的なリズムが軽やか

になることがあります。

それでは、実際に前述した2つの文を音読し、比べてみましょう。

(例文1)
(接続詞) <u>Because Lisa did not know what to do</u>, she visited my office.
(分詞構文) <u>Not knowing what to do</u>, Lisa visited my office.

次に、下線部①でも同じです。以下の接続詞を使った場合と、分詞構文を使った場合を声に出して比べてみましょう。

(例文2)
(接続詞) <u>As I have lived through it</u>, I can now say this to you with a bit more certainty than when death was a useful but purely intellectual concept.
(分詞構文) <u>Having lived through it</u>, I can now say this to you with a bit more certainty than when death was a useful but purely intellectual concept.

後者の分詞構文のほうが、流れがよいことがわかるでしょう。

このように音声的な点では、接続詞を使った複文

［注：詳しくは、第8章「英語力向上の極意（2）」を参照のこと］よりも、分詞構文を使ったほうが、リズム感が出るということを覚えておきましょう。

☞極意を使う（15） 分詞構文を使った慣用的な表現

前述の「英語力向上の極意（3）」でも述べましたが、分詞構文を使うと、リズムがよくなり、その結果、聞き手の印象に残ることがあります。ここで、分詞構文を使った慣用的な表現をご紹介しましょう。ただし、ここでご紹介するフレーズは、全体としては、一般的な分詞構文よりも、少しフォーマル度の高い慣用表現となります。

しかし、ビジネスシーンでは、フォーマルなプレゼンテーションや会議、メールや文書作成の時に使える表現ですので、覚えておきたいものです。

(1) Strictly speaking, ～ .「厳密に言えば、～」
Strictly speaking, what you are saying is wrong.（厳密に言うと、あなたの言っていることは間違っています）

(2) Speaking of ～ .「～と言えば」
Speaking of vacation, I like to visit Hawaii in winter.（休暇と言えば、冬にハワイを訪れるのが好きです）

(3) **Considering 〜 .「〜を考えると」**
Considering his current situation, Michael cannot visit our office.（マイケルの現状を考えると、私たちの会社を訪ねるなんてできないと思います）

(4) **Assuming 〜 .「〜と仮定して」**
Assuming it rains tomorrow, we should take the train.（明日雨が降るとしたら、電車を使うべきだね）

(5) **Judging from 〜 .「〜から判断すると」**
Judging from her clothes, she must be a medical doctor.（着ているものからすると、彼女は医者に違いありません）

(6) **Generally speaking, 〜 .「一般的に言うと〜」**
Generally speaking, the more you pay, the more you get.（一般的に言うと、代償を払えば払うほど、得るものも大きいのです）

極意（4） 自分に置き換えてフォローする

演説・プレゼン・会話で説得力を増す方法として、聞き手への強いメッセージの後に、**話者自身に置き換えてフォローする**という手法があります。それでは、実際の例、下線部②を見てみましょう。

"Stay Hungry. Stay Foolish.(常にハングリーで、常に愚かでいてください)"と命令形を使って聴衆にメッセージを送った後、下線部② And I have always wished that for myself.(私は常にそうありたいと思っています)と自分に置き換えてフォローしていることがわかります。

こうすることによって、命令形が与える高圧的な印象が和らぐのです。ジョブズは端的にものを言う天才ですが、この演説では、その前後に、フォローが入っているのです。

ジョブズのプレゼンテーションでは、命令形などの単文や歯に衣着せぬ物言いが目立ちます。ジョブズに関するさまざまな著書を見ると、ジョブズは非常に短気で、あまりにも率直な物言いをすることから、しばしば周りの人との軋轢を生んでいたことがわかります。妻も「他人の身になって考えるといった良識には欠けています(注3)」と語っているくらいなのですから。

しかし、そうしたジョブズが、癌という大病を患い、命の危険と向き合う中で、自分に置き換えてフォローする人間的な側面が下線部②からうかがえるのは、ジョブズの大きな内的変化と捉えることができるでしょう。

9.3. 名演説の裏話 「禅の影響」

この演説では、非常に平易な語が使われ、文構造もシンプルなものが多いことについて、この章の「英語力向

注3 ブルーメンタール (2012)

上の極意」で触れてきました。また、アップルの製品は、例えば「iPhone」や「iPad」などにみられる、あのシンプルで無駄をそぎ落としたデザインが有名で、それが人気を博する要因の1つとなったことは、異論をはさむ余地がないでしょう。実は、こうした発言や発言方法、製品には、「禅（Zen)」の影響があるのです。

ところで、「禅」と聞くと、「禅宗」のように仏教の一宗派、すなわち「宗教」であると捉える方が多いかもしれませんが、アメリカ人にとっての「禅」と、日本人が考える「禅」とでは、解釈が異なります。アメリカ人が考える「禅」とは、「禅」に基づく考え方や思想のことで、それらが自己の精神性を高めるのに役立つという宗教を超えた人間の叡智の1つとして受け入れられている（注4）と解釈できます。したがって、「禅」の思想に基づいた行動や考えが、アメリカ人にとっての「禅」なわけです。

このことを表わす好例を1つご紹介しましょう。筆者は大学院時代をイギリスで過ごしたことがあり、その当時、寮生活をしていました。その際に、アメリカ人の心理学専攻の大学院生らと共同生活をしていたのですが、彼女がある日、「ねえ、私は時々、精神を落ち着かせるのに、禅に関する本を読んだり、瞑想したりするのが好きなの。あなたは日本人だから、禅についてよく知っていると思うけれど……。鈴木大拙［注：1870-1966、

注4　石井（2012）

禅文化を海外に広く知らしめた仏教学者]にも興味があるの」と言ったことがあります。

その後、禅についての話がしばらく続いたのですが、筆者は「禅」について、当時ほとんど知らず、会話が続かなかったことをよく覚えています。その彼女曰く、禅の精神を取り入れたワークアウト（運動トレーニング）やリラックス方法などが注目を集めていたり、多くの大学では「禅」の講座があったりと、「禅」はアメリカで人気だということをその時初めて知りました。これはアメリカ人が禅を身近に感じていることを表わす、ほんの一例にしかすぎませんが、日本人よりも「禅スピリット」に興味を持っているアメリカ人は多いのかもしれません。

ジョブズに話を戻しましょう。ジョブズの場合、大学在学中から、徐々に「禅」を中心とする東洋的な思想に興味を持ち始めました。というのも、ジョブズが学生時代のアメリカでは、西洋的な思想や自国の社会構造に反発し、他文化の精神世界に傾倒するヒッピーと呼ばれる若者が増えたのです。ジョブズも当時の学生と同様に、他文化、特に東洋文化に興味を持ち、その過程で、『禅の心、初心（Zen mind, Beginner's mind）』（1970　初版）、『あるヨギの自叙伝』（1946　初版）といった禅やヨガに関する本を読み漁りました。ジョブズは、ある日、以下のように語っています。

There's a phrase in Buddhism — 'beginner's mind' — it's wonderful to have a beginner's mind.

(仏教には、「初心」という言葉があります。初心を持つことは素晴らしいことです)

　ジョブズが製品開発に情熱を注いだ際にも、「初心に戻る」精神はいかんなく発揮されたことでしょう。この「初心」という概念こそ、禅に基づいた考え方なのです。
　禅などの東洋的な思想に興味を抱いたジョブズは、実際に、東洋を訪れる機会に恵まれています。「アタリ(ATARI)」というビデオゲーム会社に勤めていた若かりしころ、大学時代の友人ダン・コトケ (Daniel Kottke, 1954–) とインドに旅に出るのです。その目的は、ニーム・カロリ・ババ (Neem Karoli Baba, –1974) という当時、尊敬を集めたヒンズー教の尊師の修行道場(アシュラム)があるインドに行くことでしたが、残念ながら、その時、すでにババは亡くなっていました。
　成人して、禅に傾倒したジョブズに多大な影響を与えた人物がいます。それは、曹洞宗の僧侶、乙川弘文(おとがわこうぶん) (1938-2002) です。乙川は、仏教を広めることを目的として、アメリカにわたり、カリフォルニアを中心に布教活動を行なった人物として知られています。乙川とのつながりは非常に密接で、ネクスト時代には宗教指導者に乙川を任命しました。また、自身の結婚式を執り行なってもらったり、セカンドハウスに住まわせたりするな

第9章 スティーブ・ジョブズ

ど、親交はとても深かったのです。そうした付き合いの中で、乙川から禅に関するさまざまなことを学びとるのでした。

　禅から学んだことはいろいろとあるでしょうが、その1つに、瞑想を通じて養った「集中力」があります。『スティーブ・ジョブズ』（2011:74）の中に、前述の友人コトケが語った一節があります。

　　「スティーブは禅と深くかかわり、大きな影響を受けています。ぎりぎりまでそぎ落としてミニマリスト的な美を追求するのも、厳しく絞り込んでゆく集中力も、皆、禅からくるものなのです」

　この演説にも、禅の影響と思われる箇所が何か所も見られます。特に、Part 2の第2段落において、「死」について語っているところがありますが、その死生観には、禅の思想が表われています。それでは、実際に、その部分を抜き出してみましょう。

And yet death is the destination we all share. No one has ever escaped it. And that is as it should be…
（それでもなお、死は、すべての人が共有する終着点なのです。死から逃れた人など一人もいないのです。死とはそうあるべきなのです）

と語っていますが、この部分は、『正法眼蔵（しょうぼうげんぞう）』の「生死」の巻にある「生きるときは、生きる、死ぬときは死ぬ。嫌ったり願ったりせず、ただ任せるだけである」(注5) という、禅の「死は免れないもの」という悟りの境地に至って出た発言であることがわかります。

ジョブズがこの演説を行なった際に、本当に死を悟っていたかどうかは、本人のみぞ知るところではありますが（おそらく悟っていたでしょう）、「死」に対する覚悟が見て取れる部分です。

このように、ジョブズの行動、思考には、若いころに夢中になった「禅」があるのです。

注5　石井（2012）

おわりに

　人は「言葉」によって傷つけられ、「言葉」によって勇気づけられます。筆者も、他人からの心無い言葉によって傷ついた経験は1回や2回ではありません。
　しかし、どんな苦しみの中にあっても、どんな悲しみの中にあっても、その心の傷を癒すのは、やはり「言葉」なのだと信じてやみません。筆者自身も、実際にこれまで数多くの「言葉」に救われ、癒され、生きる希望と勇気を与えられました。
　そうした救いの言葉、癒しの言葉、勇気を与えられる言葉の多くは、世界の著名人が行なった演説、つまり「名演説」に存在します。この本を書き進めていくうちに、「名演説」が「名演説」たる所以が、以前より少し深く理解できたように思います。簡単に述べれば、そこには「人の心を動かす言葉」が凝縮されているからです。その言葉は、時には、人の迷った心、弱い心、疲れた心を照らすやわらかな光となり、また別の時には、怠惰な心、卑しい心、悪の心を悔い改めるがごとく私たちを導いてくれるまぶしい明かりとなるのです。
　本書で紹介した名演説から格調高い英語を学ぶと同時に、その文化的背景、話者の人となり、名演説の裏話など、名演説にまつわる多くのことを、本書を通して学んでいただけましたら幸いです。
　本書を執筆している間、「名演説」の奥深さに心躍り、

幸福感にひたることができました。そうした幸せな気持ちを読者の皆さまと共有できましたら、著者冥利に尽きます。

　本書を長く傍らに置いて、ご愛読いただけましたら幸いです。

参考文献および引用文献

(和書)

アーミテージ、デイヴィッド著　平田雅博、岩井淳、菅原秀二、細川道久訳　2012『独立宣言の世界史』　ミネルヴァ書房

アイザックソン、ウォルター著　井口耕二訳　2011『スティーブ・ジョブズ　I・II』　講談社

アウンサン・スーチー著　マイケル・アリス編　ヤンソン由実子訳　1991『自由』　集英社

アウンサンスーチー著　大石幹夫訳　2000『希望の声―アラン・クレメンツとの対話』　岩波書店

アウンサンスーチー述　2011『絆こそ、希望の道しるべ～命あるかぎり、あきらめない～』　ケーズ・パブリッシング

東照二　2009『オバマの言語感覚―人を動かすことば』　NHK 出版生活人新書

東理夫　2010『アメリカは歌う。歌に秘められた、アメリカの謎』　作品社

石井清純監修　角田泰隆編　2012『禅と林檎―スティーブ・ジョブズという生き方』　宮帯出版社

ウィルズ、ゲリー著　北沢栄訳　1995『リンカーンの三分間―ゲティズバーグ演説の謎』　共同通信社

ウェルズ恵子　2008『黒人霊歌は生きている―歌詞で読むアメリカ』　岩波書店

ウェルズ恵子　2014『魂をゆさぶる歌に出会う―アメリカ黒人文化のルーツへ』　岩波ジュニア新書

大谷和利　2011『スティーブ・ジョブズとアップルの DNA』　マイナビ

大津典子　2012『アウンサンスーチーへの手紙』　毎日新聞社

岡倉登志編　1996『アフリカ史を学ぶ人のために』　世界思想社

小川洋司　2001『深い河のかなたへ　黒人霊歌とその背景』　音楽之友

社
落合信彦　2013『ケネディからの伝言』　小学館文庫
オバマ、バラク　2007『マイ・ドリーム―バラク・オバマ自伝』　ダイヤモンド社
カーソン、クレイボーン編　梶原寿訳　2002『マーティン・ルーサー・キング自伝』　日本基督教団出版局
梶原寿著　1991『マーティン＝Ｌ＝キング』　清水書院
キケロー著、小川正廣ほか訳　1999『キケロー選集　3　法廷・政治弁論Ⅲ』　岩波書店
キケロー著、片山英男訳　1999『キケロー選集　6　修辞学Ｉ』　岩波書店
北沢洋子著　1988『私のなかのアフリカ―反アパルトヘイトの旅』　社会思想社
北村崇郎　2000『ニグロ・スピリチュアル』　みすず書房
キュラン、カトリーヌ著　渡辺美紀子訳　1993『マーガレット・サッチャー――「鉄の女」の生き方―』　彩流社
クッロッペンバーグ、ジェイムズ著　古矢旬、中野勝郎訳　2012『オバマを読む―アメリカ政治思想の文脈』　岩波書店
クラーク、サーストン著　土田宏著　2006『ケネディ―時代を変えた就任演説』　彩流社
サッチャー、マーガレット著　石塚雅彦訳　1993『サッチャー回顧録［上・下］』　日本経済新聞社
サッチャー、マーガレット著　石塚雅彦訳　1995『サッチャー　私の半生　［上・下］』　日本経済新聞社
ジオンゴ、グギ・ワ　1985『アフリカ人はこう考える』　第三書館
島田誠　1997『古代ローマの市民社会』　山川出版社
ジェンキンズ、ギャレス著　澤田澄江訳　2006『フォト・バイオグラフィ　ジョン・Ｆ・ケネディ』　原書房
末原達郎　1998『アフリカ経済』　世界思想社
鈴木健　2010『政治のレトリックとアメリカ文化―オバマに学ぶ説得コ

ミュニケーション』　朝日出版社

スタンフォード、デレク著　小津次郎訳　1956『英文学ハンドブック——「作家と作品」No.4　クリストファ・フライ』　研究社出版

関根正雄訳　1965『旧約聖書　イザヤ書　上・下』　岩波文庫

ソレンセン、シオドア著　大前正臣訳　1987『ケネディの道』　サイマル出版会

高橋康也ほか編　2000『シェークスピア辞典』　研究社

ダレク、ロバート著　鈴木淑美訳　2009『JFK　未完の人生』　松柏社

土井宏　2007『ケネディ—「神話」と実像』　中公新書

東山安子・フォード、ローラ著　2003『日米ボディートーク——身ぶり・表情・しぐさの辞典』　三省堂

中野道雄・カーカップ、ジェームズ著　1985『日英比較　ボディ・ランゲージ事典』　大修館書店

日本聖書協会編　2010『聖書——新共同訳』

根本敬、田辺寿夫　2012『アウンサンスーチー——変化するビルマの現状と課題』　角川 one テーマ 21

根本敬　2014『物語　ビルマの歴史』　中公新書

バーダマン、ジェームス・M 著　水谷八也訳　2007『黒人差別とアメリカ公民権運動——名もなき人々の戦いの記録』　集英社新書

バーンズ、ジョン・A 著、比護富幸訳　2011『ケネディからの贈り物——若きリーダーたちへ』　バベルプレス

パオリ、ピア著、福田素子訳　1991『マーガレット・サッチャー　「鉄の女」の孤独と真実』　徳間書店

林晃史編　1991『アフリカの歴史』　勁草書房

福澤諭吉 1898『学問のすゝめ』　時事新報社

http://project.lib.keio.ac.jp/dg_kul/fukuzawa_text.php?ID=55&PAGE=3

福澤諭吉 1897『福澤全集緒言』　時事新報社

http://project.lib.keio.ac.jp/dg_kul/fukuzawa/flipper_index.php?ID=F7-A50&PAGE=116

福澤諭吉 ソシエ、マリオン・西川俊作編 2009『福澤諭吉 西洋事情』 慶応義塾大学出版会

ブルーメンタール、カレン著 渡邉了介訳 2012『スティーブ・ジョブズの生き方』 あすなろ書房

フレイディ、マーシャル著 福田敬子訳 2004『マーティン・ルーサー・キング』 岩波書店

ベネット、L著 中村妙子訳 1966『マーティン・ルーサー・キング 非暴力への遍歴』 新教出版社

ベンデビッド、ナフタリ編 松島恵之訳 2009『OBAMA オバマの真実』 朝日新聞出版

堀田宗路 1992『ジョン・F・ケネディの謎』 日本文芸社

ポパム、ピーター著 宮下夏生・森博行・本城悠子訳 2012『アウンサンスーチー 愛と使命』 明石書店

マッカーサー、ブライアン著 大谷堅志郎訳 2004『我が言葉を聴け 歴史をつき動かした50人のカリスマ』 講談社

三上義一 1995『囚われの孔雀 アウン・サン・スー・チー』 講談社文庫

三上義一 2008『アウン・サン・スー・チー 戦う気品』 ランダムハウス講談社文庫

ムビティ、ジョン・S 大森元吉訳 1978『アフリカの宗教と哲学』 法政大学出版局

矢内原忠雄 1984『矢内原忠雄 未発表聖書講義 イザヤ書・ミカ書』 新地書房

山口洋一 2011『歴史物語 ミャンマー下 独立自尊の意気盛んな自由で平等の国』 カナリア書房

山口洋一、寺井融 2012『アウン・サン・スー・チーはミャンマーを救えるか?』 マガジンハウス

山本和隆 2013『ケネディの遺産―JFKとニュー・フロンティアの時代』 志學社

ヤング、ジェフリー・S、ウィリアム・L・サイモン著　井口耕二訳　2005『スティーブ・ジョブズ―偶像復活』東洋経済新報社
米山明日香　2013『成功する英語プレゼン』コスモピア
ライト、G. E. 著　左近淑訳　1971『聖書講全書 11　イザヤ書』日本基督教団出版局
ラング、ジャック著　塩谷敬訳　2010『ネルソン・マンデラ』未來社
ロウ、ジャック著　龍和子訳　2013『フォト・メモワール　ケネディ回想録』原書房
渡辺和幸　1980『現代英語のイントネーション』研究社出版
渡辺和幸　1994『英語イントネーション論』研究社出版

(その他)
『ブリタニカ国際大百科事典　小項目電子辞書版』ブリタニカジャパン

(洋書)

Braden, Waldo W. 1988. *Abraham Lincoln Public Speaker*. Louisiana State University Press.

Carver, R. P. 1990. *Reading rate: a review of research and theory*. San Diego, California: Academic Press, Inc.

Tauroza, S. and Allison, D. 1990. *Speech rates in British English*. Applied Linguistics 11 (1) 90–105.

Oxford Advanced Learner's Dictionary, 8th. 2010. Oxford University Press

Younge, Gary. 2013. *The Speech: The Story behind Martin Luther King's Dream*. London: Guardianbooks.

(インターネットによる資料)
国連難民高等弁務官事務所（UNHCR）http://www.unhcr.or.jp/html/index.html

Shakespeare, William. Richard III.
　　　http://www.gutenberg.org/cache/epub/1103/pg1103.html
世界銀行　http://www.worldbank.org/ja/country/japan
WFP（世界食糧計画）　http://ja.wfp.org/

★読者のみなさまにお願い

この本をお読みになって、どんな感想をお持ちでしょうか。祥伝社のホームページから書評をお送りいただけたら、ありがたく存じます。今後の企画の参考にさせていただきます。また、次ページの原稿用紙を切り取り、左記まで郵送していただいても結構です。

お寄せいただいた書評は、ご了解のうえ新聞・雑誌などを通じて紹介させていただくこともあります。採用の場合は、特製図書カードを差しあげます。

なお、ご記入いただいたお名前、ご住所、ご連絡先等は、書評紹介の事前了解、謝礼のお届け以外の目的で利用することはありません。また、それらの情報を6カ月を越えて保管することもあません。

〒101-8701（お手紙は郵便番号だけで届きます）
祥伝社新書編集部
電話03（3265）2310
祥伝社ホームページ　http://www.shodensha.co.jp/bookreview/

-切りとり線-

★本書の購買動機（新聞名か雑誌名、あるいは○をつけてください）

＿＿＿新聞の広告を見て	＿＿＿誌の広告を見て	＿＿＿新聞の書評を見て	＿＿＿誌の書評を見て	書店で見かけて	知人のすすめで

★100字書評……名演説で学ぶ英語

名前

住所

年齢

職業

米山明日香　よねやま・あすか

青山学院大学社会情報学部准教授、博士（文学）。専門は英語音声学、英語教育、発音指導、通訳など。大学卒業後、英国 University College London で音声学修士号（MA in Phonetics）を取得後、日系航空会社勤務、通訳者などを経験。東京外国語大学、早稲田大学などの講師を経て現職。政府・世界的大企業のエグゼクティブたちの英語アドバイザーもつとめる。主な著書に『成功する英語プレゼン』（コスモピア）、『4週間集中ジム　発音も学べる　イギリス英語リスニング』（アスク）。『スーパー・アンカー英和辞典』『アンカーコズミカ英和辞典』（いずれも学研教育出版）の発音担当者。

名演説で学ぶ英語
めいえんぜつ　まな　えいご

米山明日香
よねやまあすか

2014年10月10日　初版第1刷発行

発行者	竹内和芳
発行所	祥伝社　しょうでんしゃ

　　　　　　〒101-8701　東京都千代田区神田神保町3-3
　　　　　　電話　03(3265)2081（販売部）
　　　　　　電話　03(3265)2310（編集部）
　　　　　　電話　03(3265)3622（業務部）
　　　　　　ホームページ　http://www.shodensha.co.jp/

装丁者	盛川和洋
印刷所	萩原印刷
製本所	ナショナル製本

造本には十分注意しておりますが、万一、落丁、乱丁などの不良品がありましたら、「業務部」あてにお送りください。送料小社負担にてお取り替えいたします。ただし、古書店で購入されたものについてはお取り替え出来ません。
本書の無断複写は著作権法上での例外を除き禁じられています。また、代行業者など購入者以外の第三者による電子データ化及び電子書籍化は、たとえ個人や家庭内での利用でも著作権法違反です。

© Asuka Yoneyama 2014
Printed in Japan ISBN-978-4-396-11383-4 C0282

〈祥伝社新書〉
いかにして「学ぶ」か

191 はじめての中学受験
わが子の一生を台無しにしないための学校選びとは？ 受験生の親は必読！
変わりゆく「中高一貫校」
明治大学教授 齋藤 孝
日能研 進学情報室

360 なぜ受験勉強は人生に役立つのか
教育学者と中学受験のプロによる白熱の対論。頭のいい子の育て方ほか
家庭教師 西村則康
大学通信常務取締役 安田賢治

339 笑うに笑えない大学の惨状
名前を書けば合格、小学校の算数を教える……それでも子どもを行かせますか？

312 一生モノの英語勉強法
京大人気教授とカリスマ予備校教師が教える、必ず英語ができるようになる方法
「理系的」学習システムのすすめ
京都大学教授 鎌田浩毅
研伸館講師 吉田明宏

331 7カ国語をモノにした人の勉強法
言葉のしくみがわかれば、語学は上達する。語学学習のヒントが満載
慶應義塾大学講師 橋本陽介